民生论

THEORY
OF PEOPLE'S
LIVELIHOOD

李小宁｜著

人 民 出 版 社

责任编辑：吴焰东　吴学金
封面设计：肖　辉

图书在版编目（CIP）数据

民生论/李小宁 著. -北京：人民出版社,2015.11
ISBN 978－7－01－015422－0

Ⅰ.①民…　Ⅱ.①李…　Ⅲ.①人民生活-研究-中国
Ⅳ.①D669.3

中国版本图书馆 CIP 数据核字（2015）第 253357 号

民　生　论

MINSHENG LUN

李小宁　著

人民出版社 出版发行

（100706　北京市东城区隆福寺街 99 号）

北京盛通印刷股份有限公司印刷　新华书店经销

2015 年 11 月第 1 版　2015 年 11 月北京第 1 次印刷
开本：880 毫米×1230 毫米 1/32　印张：8.25
字数：150 千字

ISBN 978－7－01－015422－0　定价：36.00 元

邮购地址 100706　北京市东城区隆福寺街 99 号
人民东方图书销售中心　电话（010）65250042　65289539

序　言

纵观古今中外，民生问题一直备受关注；关于民生问题的研究，也是一个持久的课题。中国从上古开始就产生了朴素的民生思想，历史上的每一次重大变革，民生必然是众多思想家与政治家思考的重要问题之一。近年来，我国政府更是越来越重视民生问题。

中国民生研究院成立七年来，以"研究民生问题，服务改善民生"为宗旨，承担民生领域的课题研究、专业咨询与专业培训；已聚集了近百名研究与关注民生的学者、官员共同参与，进行了诸多有益的研究与探索。

李小宁是一名年轻同志，一直担任中国民生研究院秘书长，以及该院学术委员会秘书长；繁忙工作之余钻研民生问题，对古今中外的民生思想与实践做了梳理，所著《民生论》对研究民生问题无疑具有参考价值。

　　是为序。

杜润生①

2015 年 1 月 2 日

---

　　① 杜润生，原中顾委委员，原中共中央农村政策研究室主任兼原国
务院农村发展研究中心主任。

前　言

　　纵观古今中外，民生问题一直备受关注。中国从上古开始就产生了朴素的民生思想。历史上的每一次重大历史变革前后，民生必然是诸多思想家和政治家思考的重要问题之一。党的十六大以来，"民生"作为一个概念深入人心，日趋重要。但何为"民生"呢？

　　给民生下一个确切的定义并不易。在《辞海》和《现代汉语词典》中给"民生"作了界定：民生是人民的生计。吴忠民教授认为："现代意义上的民生概念有广义和狭义之分：广义上的民生概念是指凡是同民生有关的，包括直接相关和间接相关的事情都属于民生范围内的事情。狭义上的民生概念主要是从社会层面上着眼的。从这个角度看，所谓民生，主要是指民众的基本生存和生活状态，以及民众的基本发展机会、基本发展能力和基本权益保护的状况，等等。"① 郑功成教授认为：

―――――――――

　　①　吴忠民：《走向公正的中国社会》，山东人民出版社 2008 年版，第 311—312 页。

"在现代社会中，民生和民主、民权相互倚重，而民生之本，也由原来的生产、生活资料，上升为生活形态、文化模式、市民精神等既有物质需求也有精神特征的整体样态。"① 还有学者以社会主义初级阶段为背景对民生问题进行了概括："社会主义初级阶段的民生问题是要满足人民生存与发展的基本需要，包括基本营养、基本教育、基本住房、基本保障和基本职业等。"② 有学者认为："民生，顾名思义就是人民的生活、生计问题，它包括民众的衣、食、住、行、用，生、老、病、死等方面的内容。"③

其实，要深层次探究，从古至今、由中到西，"民生"二字所包含的内涵和外延不尽相同。

"民生"一词最早出现在《左传·宣公十二年》，所谓"民生在勤，勤则不匮"，意思是说人民群众的生计宽裕与否在于勤，勤劳就不会缺吃少穿。这里的民生只局限于人民物质层面的东西，也就是只涉及物质资料的生产和物质层面的生活。管子认为"衣食足则知荣辱"。

---

① 郑功成：《解决民生问题始终是政府的核心任务》，《南方周末》2007 年 3 月 1 日。

② 马秀贞、于慎澄：《民生问题的要义解读与现实思考》，《理论学习》2008 年第 7 期。

③ 曹文宏：《民生政治：民生问题的政治学诠释》，《天府新论》2008年第 1 期。

《老子》中说："甘其食，美其服，安其居，乐其俗。"《礼记·大同》主张在物质丰富的基础上，"使老有所终，壮有所用，幼有所长，鳏寡孤独废疾者，皆有所养"。在中国传统社会中，民生一般是指百姓的基本生计。"民为邦本，本固邦宁"是《尚书·五子之歌》中所说的，它构成了儒家治国理政思想的核心，《管子·霸业》指出"以人为本，本治则国固，本乱则国危"，《孟子·尽心章句下》主张"民为贵，社稷次之，君为轻"，等等，都客观地反映了古代先贤对民生问题的重视。

到了近代，西方的民主、民权思想逐渐传入我国，不少仁人志士开始从民权的高度来关心民生。中国民主革命的先行者孙中山在积极吸收国外先进思想和经验的基础上，结合中国的实际，提出了著名的"三民主义"。关于民生，他说："民生就是人民的生活——社会的生存，国民的生计，群众的生命。"① "民生就是政治的中心，就是经济的中心和种种历史活动的中心。"② "民生是社会一切活动的原动力。"③ 孙中山先生将民生问题当作社会发展的核心问题。在孙中山先生的理想中，民生主义是国事由国民直接参与，国家福利由国民全体享受

① 《孙中山选集》，人民出版社1981年版，第802页。
② 《孙中山选集》，人民出版社1981年版，第825页。
③ 《孙中山选集》，人民出版社1981年版，第835页。

的一种制度，最终进入幼有所教、老有所养、分业操作、各得其所的理想社会。虽然由于当时社会历史环境等方面条件的限制和约束，孙中山的民生思想存在着一定的历史局限性和理想化的色彩，但依然给"民生"注入了全新的内涵，并将之上升到"主义"、国家大政方针以及历史观这样一个前所未有的高度，给后世很多有益的激励和启示。

　　新中国的成立，使广大民众翻身做了主人，政治上的解放使民生含义发生了质的变化。社会主义建设的不断发展深化，不但使民生内容日益丰富，而且为民生注入了更多权利的因素。全心全意为人民服务在毛泽东倡导下发展成为我们党执政的宗旨。邓小平明确提出要把"是否有利于提高人民群众生活水平"作为判断是非得失的重要标准，强调一切政策的出发点和归宿始终要看人民"拥护不拥护、赞成不赞成、高兴不高兴、答应不答应"。江泽民强调要"代表最广大人民群众的根本利益"，把不断提高人民生活水平作为我们党一切工作的根本出发点。胡锦涛提出"以人为本"的科学发展观，并积极践行"立党为公、执政为民"的理念，把民生提升到执政兴国的崭新高度。在党的十七大报告中，胡锦涛从构建社会主义和谐社会的高度对民生含义做了非常精辟的概括，他强调指出："必须在经济发展的基础上，更加注重社会建设，着力保障和改善民生，推进社会体制改革，扩大公共服务，完善社会管理，促进社会公平正义，努力使全体人民学有所教、劳有所得、病有所医、老有所养、住有所居，推动建设和谐社会。"① 以习近平为总书记的中央领导集体在领导中国特色社会主义民生建设过程中，始终实践和履行着党的为人民服务的根本宗旨，全心全意为人民服务是其民生观的核心和灵魂。十八大后，习近平号召在中国共产党内开展群众路线教育实践活动。强调开展党的群众路线教育实践活动，以为民、务实、清廉为主要内容，加强全体党员马克思主义群众观点教育，着力解决人民群众反映强烈的突出问题，提高做好新形势下群众工作的能力，保持党同人民群众的血肉联系，发挥党密切联系群众的优势。习近平同志始终坚持植根于人民，坚持党的群众路线，牢固树立群众观点，一直保持党同人民群众的血肉联系，始终与人民心连心、同呼吸、共命运，充分阐释和体现了其民生观的根本政治立场。

在西方，并没有"民生"（livelihood）一词。根据孙中山先生对"民生主义"（the people's welfare）的提法，

---

① 胡锦涛：《高举中国特色社会主义伟大旗帜　为夺取全面建设小康社会新胜利而奋斗——在中国共产党第十七次全国代表大会上的报告》，人民出版社 2007 年版，第 43 页。

国外的"民生"即是指"福利"（welfare）。与"民生"相同，"福利"一词的内涵也有一个逐步丰富的过程。

据考证，"福利"概念最早出现于公元前 12 世纪到公元前 8 世纪的荷马时代，史诗《伊利亚特》和《奥德赛》中就有关于交换的不公平引起人们福利变动的记载。后来，古希腊的色诺芬（约公元前 430—前 355）在他的《经济论》中又论述了财富与福利的关系。在之后的一段时期内，宗教福利与世俗福利相融合，西方的"福利"和"救济"基本同义。把福利真正作为一个经济概念进行深入研究是从庇古（1877—1959）开始的，他开创了"福利经济学"。如今，人们又从不同的立场和目的出发，对福利概念作出了各种不同解释。比如，有些人把福利解释为"well-being"，以说明人们的生存状况，即幸福感。多数人则还是坚持庇古的说法，把福利解释为"welfare"，以说明人们的生活状况，即满足感。① 严格说，"welfare"才是经济学所说的福利，才是"改善民生"所蕴含的意义。

西方社会福利思想起源于古希腊时代的政治伦理学说，寄寓于哲人对人的幸福和社会理想的阐述之中。经

---

① 当前我国理论界把"well-being"与"welfare"混同地解释为"福利"，这是不妥的，应加以区分。"Well-being"意指"幸福感"，用"福祉"表达再准确不过。

历中世纪漫长基督教宗教福利的洗礼，西方福利思想逐渐将宗教福利与世俗福利相融合。文艺复兴与宗教改革的兴起，将人文主义关怀注入宗教的慈善活动之中，非个人所能控制的因素而处于贫困境地的人，都被视为是社会福利的需求者，接受救助合法性的观念逐渐深入人心。英国《济贫法》的出台标志着西方社会福利思想迈入人道主义关怀观阶段，也更贴近了现代意义的民生思想。

需要特殊说明的是，随着"民生"内涵的扩展，民生的改善不仅仅局限于人民经济生活的改善，还包含了政治生活的保障、幸福感的提升等新的意义。而"福利"重在"利"，更多的指向经济层面。因此，"民生"和"福利"两个词还是有区别的，不能混作一谈。

历史是最好的教科书，古今中外，无数次政权更迭、改朝换代，都反复揭示了这样一个历史规律：关注民生，则得民心；得民心，则得天下。在任何时代，关注广大人民群众的生存和发展问题都是一个神圣而又艰巨的任务。在当代中国，关注民生、保障民生、不断改善民生是我们党和政府始终不渝的诉求。民生的历史变迁充分证明，民生与国家、社会的发展具有密不可分的关系。随着时代的发展，人的生存和发展需求会不断增加，民生内涵也会日益丰富。

目　录

第一章　中国古代的民生

纵观我国历史，以民为本的民生思想源远流长，萌于西周，成于春秋，盛于明清。在我国古代，有远见卓识的执政者，无不把改善民生视为经世治国的最高境界，以民为本的思想古已有之。"民为邦本，本固邦宁""水能载舟，亦能覆舟"，以民为本的民生思想成为我国传统治国理论的核心。

按照公认的划分方式，中国古代是指从先秦到鸦片战争爆发前的这一段历史时期。古代"民生"的内涵与当今的"民生"不完全相同，但归根结底，与人民的生计有关。本章着重梳理的是中国古代的民生思想与民生实践。

一、中国古代的民生思想

中国传统文化博大精深，其中蕴含的民生思想也十分丰富。

在中国古代政治史上，民生思想于传说时代就已见萌芽。

传说时代神农尝百草、尧茅茨不剪而居、舜躬耕畎田、大禹治水三过家门而不入等故事，都反映出原始部落首领关爱民生、与民同苦乐的良好品质。但把重民、保民意识升华为一种思想，则是西周初年的事情，商周政权转移是民生思想诞生的催化剂。周初统治集团在总结历史时很快明白"重民、保民"是维持周王朝生存下去的根本之一，"以德配天""敬天保民"思想也就是在这样的背景下出台的。到了春秋战国时期，社会结构的剧烈变革和人性的空前解放，使民生思想取得了突飞猛进的发展。这一时期的思想家在其提出的救世主张中大都体现出明确的民生倾向。春秋时，齐国著名的政治家管仲第一次提出了"以人为本"的概念。他说："夫霸王之所始也，以人为本，本治则国固，本乱则国危。"[1] 同时，他提出了一系列的富民、爱民的主张。儒家思想代表人物孔子主张爱民、养民、利民、惠民、教民、安民、博施于民，反对统治者对人民过分压迫与剥削。他说："道千乘之国，敬事而信，节用而爱人，使民以时。"[2] 孟子继承、发展了孔子"仁"的理论，提出了"亲亲而仁民，仁民而爱物"[3] 的思想。他主张实施"仁政"，同时认为"乐民之乐者，民亦乐其乐，忧民之忧者，民亦忧其忧""得天下有道，得其民，斯

---

① 《管子》第二册，商务印书馆 1936 年版，第 8 页。

② 《论语》，云南人民出版社 2011 年版，第 7 页。

③ 《孟子》，上海古籍出版社 2013 年版，第 201 页。

得天下矣；得其民有道，得其心，斯得民矣"①。在此基础上，他更提出了"民为贵，社稷次之，君为轻"②这样千古铿锵的名句。荀子则在继承孟子思想的基础上更进了一步，指出"天之生民，非为君也；天之立君，以为民也"③"君者，舟也；庶人者，水也。水则载舟，水则覆舟"④。道家代表人物老子提出了"贵以贱为本"的民本思想。他说："贵以贱为本，高以下为基。是以侯王自称孤、寡、不谷。此非以贱为本邪？非乎。"⑤在安民利民方面也提出了自己的见解，认为："圣人无常心，以百姓心为心。"⑥墨家代表人物墨子则提出了"兼相爱，交相利"为基础的民本思想。他说，"吾闻为明君于天下者，必先万民之身，后为其身，然后可以为明君于天下。"⑦又说："古者明王圣人所以王天下、正诸侯者，彼其爱民谨忠，利民谨厚，忠信相连，又示之以利，是以终身不餍，殁二十而不卷。古者明王圣人，其所以王天下，正诸侯者，此也。"⑧在随后的两千多年的封建社会里，"民生思想"不断得到延续和发展。西汉贾谊认为，"闻之于政也，民

① 《孟子》，上海古籍出版社2013年版，第95页。
② 《孟子》，上海古籍出版社2013年版，第208页。
③ 《荀子》，上海古籍出版社2014年版，第337页。
④ 《荀子》，上海古籍出版社2014年版，第90页。
⑤ 《老子》，云南人民出版社2011年版，第267页。
⑥ 《老子》，云南人民出版社2011年版，第315页。
⑦ 《墨子》，上海古籍出版社2014年版，第68页。
⑧ 《墨子》，上海古籍出版社2014年版，第90页。

无不为本也。国以为本，君以为本，吏以为本。"① 隋代王通指出："不以天下易一民之命。"② 唐太宗李世民接受隋朝残酷统治导致灭亡的教训，提出"行王道、存百姓"的思想。在《贞观政要·君道》中，李世民认为："天子者，有道则人推而为主；无道则人弃而不用，诚可畏也。"③ "为君之道，必须先存百姓，若损百姓以奉其身，犹割股以啖腹，腹饱而身毙。"④ 唐代学者陆贽指出："人者，邦之本也；财者，人之心也；其心伤则其本伤，其本伤则枝干颠瘁而根柢蹶拔矣。"⑤ 北宋新儒学的代表程颐兄弟提出了"为政之道，以顺民心为本，以厚民生为本，以安而不扰民为本"⑥ 的思想。明朝开国皇帝朱元璋认为，治国必先安民，施政的首要目标是争取民心，富国的前提是富民，他提出"民者，国之本也"。⑦ 明代著名学者黄宗羲认为"天下之治乱，不在一姓之兴亡，而在万民之忧乐"。⑧

　　这些民生思想有一个共同点，就是强调"民"的重要

---

　　① 　王渊明、徐超：《贾谊集校注·新书·大政上》，人民文学出版社1996年版。

　　② 《文中子中说译注》，黑龙江人民出版社2003年版，第30页。

　　③ 《贞观政要》，中华书局2009年版，第22页。

　　④ 《贞观政要》，中华书局2009年版，第2页。

　　⑤ 《唐陆宣公集》，浙江古籍出版社1988年版，第94页。

　　⑥ 程颢、程颐：《二程集》，中华书局2004年版，第531页。

　　⑦ 《刘子·贵农》，中华书局1998年版，第112页。

　　⑧ 《明夷待访录》，中华书局2011年版，第16页。

性。究其源头，中国古代的民生思想源于春秋战国时期的诸子百家，尤其是儒家、道家和墨家。老子的"道治"、孔子的"富民""教民"、墨子的"兼爱"、孟子的"民贵君轻""制民恒产"、荀子的"开源节流""节用裕民"等均是中国古代民生思想的代表。

（一）老子的民生思想

老子，名耳，字聃，姓李氏，是我国古代一位伟大的思想家，其民生思想主要体现于《道德经》一书。《道德经》共八十一章，五千余言，对后世影响深远。老子的《道德经》包含着丰富的思想意蕴，而民生思想则是其精髓所在。老子民生思想是"道治"，即执政者当以自然和谐之道经国治民，以达致社会的总体和谐。其民生思想内容可梳理为四个方面：尚民为先、崇俭抑奢、慎刑薄赋、以正治国。

1. 尚民为先

老子具有强烈的爱民重民情结。他说，"故道大，天大，地大，人亦大。域中有四大，而人居其一焉。"① 老子强调人的重要性，提倡执政者要尚民为先，"爱民治国"；要"以百姓为心"，要无私、"不争"。

具体而言，老子提出了三个方面：

----

① 《道德经》，线装书局 2014 年版，第 101 页。

首先，执政者要有宽广的胸怀，以民为上。

老子说，"圣人常无心，以百姓心为心，善者，吾善之；不善者，吾亦善之；德善。信者，吾信之；不信者，吾亦信之，德信。圣人在天下歙歙焉，为天下浑其心。百姓皆注其耳目，圣人皆孩之。"① 在处理与百姓的关系上，执政者要打破官本位思想，彻底摒弃"自见""自是""自伐""自矜"的优势心理，"以百姓心为心"，谦逊地对待每一个人。"是以圣人欲上民，必以言下之。欲先民，必以身后之。""是以圣人处上而民不重，处前而民不害。"② 做到以民为上，人民就会对执政者"乐推而不厌"。

其次，执政者要有"无私"的精神，舍己为民。

老子以天地长存为例，指出："天长地久。天地所以能长且久者，以其不自生，故能长生。是以圣人后其身而身先；外其身而身存。非以其无私邪？故能成其私。"③ 他认为，天地之所以长久，根本原因在于它们是为万物利益而生存，而不是为一己私利存活。老子借此暗喻执政者要无私无我，舍己为民。为了百姓的利益，执政者要毫不顾虑个人利害得失与生死存亡，做到"后其身"，"外其身"。只有这样，执政者才会得到人民的拥护和爱戴，从而得以"身先"与"身存"。

---

① 《道德经》，线装书局 2014 年版，第 181—182 页。
② 《道德经》，线装书局 2014 年版，第 241 页。
③ 《道德经》，线装书局 2014 年版，第 28 页。

再次，执政者要有善良的心态，与民为善。

老子说："上善若水。水善利万物而不争；处众人之所恶，故几于道。居善地，心善渊，与善仁，言善信，政善治，事善能，动善时。夫唯不争，故无尤。"① 执政者的善良是合乎"天道"的，正所谓"天之道，利而不害"。执政者要像"天道"一样，想得民心，顺民意，则需"知善之为善"，以善治民。

2. 崇俭抑奢

节俭既是个人的修身之道，又是治国的安邦良策。通过执政者"去奢"，而使百姓得以生计。

他把节俭称为"三宝"之一。他说："我恒有三宝，持而保之：一曰慈，二曰俭，三曰不敢为天下先。"② "俭"即"啬"，老子指出："治人事天，莫若啬。夫唯啬，是谓早服；早服谓之重积德。"③ 作为个人要注重修身，广积朴德，"塞其兑，闭其门"，"见素抱朴，少私寡欲"，不要过分地放纵自己的私欲，去追求感官的享乐。他说："五色令人目盲，五音令人耳聋，五味令人口爽，驰骋畋猎令人心发狂，难得之货令人行妨。"④ 食、色本是人的生理自然之欲。而音乐亦能调剂

① 《道德经》，线装书局 2014 年版，第 31 页。
② 《道德经》，线装书局 2014 年版，第 244 页。
③ 《道德经》，云南人民出版社 2011 年版，第 291 页。
④ 《道德经》，云南人民出版社 2011 年版，第 54 页。

人的情感，也是有益的。但是，如果个人一味沉溺其中，则会导致"益生"。"益生"对个人发展极其有害，老子认为，"益生曰祥，心使气曰强"。个人一旦达到"强"，就会"物壮则老，谓之不道，不道早已"。可见，过分地纵情，将加速个人生命的提前终结。所以，"俭，故能广"。

老子把"俭"视为国家之"深根固柢"。他认为，如果执政者注重节俭，就不会搜刮榨取、残民自肥，国家则会长治久安。他以盛水器注水与刀剑捶打为喻，提醒执政者不要贪求财货。他说："持而盈之，不如其已；揣而锐之，不可长保。金玉满堂，莫之能守；富贵而骄，自遗其咎。"①

他还告诫执政者不要误入歧途，追求奢华。他说，"使我介然有知，行于大道，唯施是畏。大道甚夷，而人好径。朝甚除，田甚芜，仓甚虚；服文彩，带利剑，厌饮食，财货有馀，是谓盗夸。非道也哉！"②

执政者应"行于大道，唯施是畏"。但有些执政者却"大道甚夷，而民好径"。他们"服文采，带利剑，厌饮食"，居住的"朝甚除"，拥有的"财货有余"。与他们相比，百姓却处于水深火热之中，"田甚芜""仓甚虚"。对于这样"非道"的执政者，老子痛斥为"盗竽"，即强盗头子。在老子眼中，英明的执政者要"去奢"，"多言数穷，不若守中"。

---

① 《道德经》，线装书局 2014 年版，第 35 页。
② 《道德经》，线装书局 2014 年版，第 198 页。

3. 慎刑薄赋

老子推崇"无为而治"，他反对执政者任意刑罚，横征暴敛，对百姓施以苛政，认为执政者应体察民情民意，施行慎刑薄赋的政策，以自然和谐之道来治理百姓。

老子说，"为学日益，为道日损，损之又损，以至于无为，无为而无不为。取天下常以无事，及其有事，不足以取天下。"[①] 说的就是要做到"无为而治"。

老子憎恨执政者随意设置严刑峻法，越职杀人。他认为，生杀予夺之权是由"天"掌握的，而"天"则从"法道"的角度出发，会委托"有司者"专职其事，其他任何人不得擅用。可见，老子并不反对刑罚，只是痛恨执政者违背"天"，任意实施刑罚。针对于此，老子郑重指出，执政者同百姓一样，在"道"的面前地位是平等的。"朴散，则为器。圣人用之，则为官长。"[②] 故此，作为执政者不能滥用私权，对百姓任意处置，"执而杀之"。如果这样将会激起民怨，民生怨心，就会耿耿于怀，"和大怨，必有馀怨"。那么执政者最终会削弱自己的统治基础。正如老子所言："夫代司杀者杀，是代大匠斫。夫代大匠斫者，希有不伤其手矣。"[③]

老子极力抨击执政者不顾百姓困苦，对百姓施以各种苛

---

① 《道德经》，线装书局 2014 年版，第 178 页。
② 《道德经》，线装书局 2014 年版，第 114 页。
③ 《道德经》，线装书局 2014 年版，第 263 页。

捐杂税，超过百姓生存的底线。他认为，国家正常运转，需要百姓负担一定的费用，这是合情合理的。但是，执政者不能为了"求生之厚"，过分地向百姓索取，造成百姓生活饥馑。老子说，"民之饥，以其上食税之多，是以饥。民之难治，以其上之有为，是以难治。民之轻死，以其上求生之厚，是以轻死。夫唯无以生为者，是贤于贵生。"① "民之饥"就会引发百姓的反抗，出现"民之轻死""民之难治"的局面，整个社会就会紊乱失控。在此，老子提到，百姓起来抗争当局，并不是他们自愿的，而是由执政者过分的刑罚苛税所导致的。特别是当执政者将百姓逼到"不畏威""不畏死"的时候，"则大威至矣"，那就会危及国家社稷的生死存亡。为避免出现这种结果，执政者对于百姓就要"无狎其所居，无厌其所生"，采取"不自见""不自爱"的优良作风。

4. 以正治国

老子提倡公平正义，倡导"以正治国"，渴望建立一个秩序良好的"道治"社会。正如他所描绘的，"民各甘其食，美其服，安其俗，乐其业。"而达致此理想的和谐的社会，公正则是其首要的价值支撑。

首先要"知常"，即懂得常道，而常道即自然的法则。个人懂得了自然规律，就会宽容待人，宽容待人就会公正无

① 《道德经》，线装书局 2014 年版，第 265—266 页。

私，公正无私就能考虑周全，考虑周全才最终符合自然的和谐之"天道"。如他自己所言，"知常容，容乃公，公乃全，全乃天，天乃道，道乃久，没身不殆。"①

其次，人在懂得了自然和谐的规律之后，在行为上也要奉行公正。"圣人方而不割，廉而不刿，直而不肆，光而不耀。"②

在这一方面，老子的言论还很多，诸如：

以正治国，以奇用兵，以无事取天下。吾何以知其然哉？以此：天下多忌讳，而民弥贫；人多利器，国家滋昏；人多伎巧，奇物滋起；法令滋彰，盗贼多有。故圣人云："我无为，而民自化；我好静，而民自正；我无事，而民自富；我无欲，而民自朴。"③

治人事天，莫若啬。夫唯啬，是谓早服；早服谓之重积德；重积德则无不克；无不克则莫知其极，莫知其极，可以有国；有国之母，可以长久。是谓根深固柢，长生久视之道。④

天之道，其犹张弓与，高者抑之，下者举之；有余者损之，不足者补之。天之道，损有余而补不足。人之道则不然，

① 《道德经》，线装书局 2014 年版，第 66 页。
② 《道德经》，线装书局 2014 年版，第 214 页。
③ 《道德经》，线装书局 2014 年版，第 210 页。
④ 《道德经》，线装书局 2014 年版，第 219 页。

损不足以奉有余。孰能有余以奉天下？唯有道者。是以圣人为而不恃，功成而不处，其不欲见贤。①

老子的民生思想构成了完整的逻辑体系。其起点为尚民为先，合理内核为崇俭抑奢、慎刑薄赋，其终点为以正治国，贯穿于其中的主线是"道治"。在这个思想体系中，"道治"是灵魂，尚民为先是根本，崇俭抑奢、慎刑薄赋是表现，以正治国是目标，体现出老子对现实充满了关怀的民生思想。

老子所处时代正是春秋战国社会剧烈变革动荡的时代，世袭贵族制逐渐破坏，大小国之间激烈争夺、残酷吞并，造成民众流离失所、生活贫困，引起一些思想家的忧虑和疾呼。老子与儒、墨思想即在这一时期产生。老子的民生思想是下层社会民众对农业社会土地要求的直接的、初始的呼唤。虽然，老子的民生思想中有着很重的"小国寡民"小计、怀旧的因素，但他的带有辩证的治国利民的方术和思想却影响了千百年来的封建统治者，亦是我们今天需进一步挖掘、整理、吸收的思想渊源。

（二）孔子的民生思想

孔子，名丘，字仲尼。春秋末期的思想家、教育家和政治家，儒家思想的创始人，被后世统治者尊为孔圣人、至圣、

---

① 《道德经》，线装书局 2014 年版，第 272 页。

至圣先师、万世师表。孔子的儒家思想对中国、儒家文化圈及世界有深远的影响。孔子的民生思想体现在"富民"和"教民"两个方面。

1. 孔子的"富民"思想

孔子主张富民是首要的，也是最为急切的。富民为"政之急"充分体现了孔子的民生思想。除了"富民"之外，孔子还主张统治者应轻赋、去奢、从俭、博施济众。

孔子认为欲实现天下有道，关键在于如何赢得民心。而民心之所得，首先考虑的是民物质利益的需要。在以农业生产为主的先秦时代，民最关心的是土地和物质利益上的实惠。为此，孔子提出以富民为重点的治国之道。如何理解孔子的富民之说，《论语·子路》载：

子适卫，冉有仆。子曰："庶矣哉！"冉有曰："既庶矣，又何加焉？"曰："富之。"曰："既富矣，又何加焉？"曰："教之。"[1]

孔子在这句话中提出自己的社会理想三部曲：庶、富、教。首先看庶，庶是人口众多的意思。春秋时期，由于铁制农具和牛耕的普及，传统农业和手工业得到了飞速的发展，以致社会对劳动力的需求日益增加。与此同时，日渐兴起的兼并战争，增加了统治者对兵员队伍扩充的需要，而这一切

---

[1] 《论语》，南海出版公司 2013 年版，第 113 页。

都要依赖于人口的增加。此时的孔子已认识到人力资源的重要性，在他心里民众是社会发展的第一要义，是社会发展的主体，没有一定数量和质量的民，社会的发展与繁荣是不可能的。基于这样的认识，孔子曾把招徕外来人口作为一项基本国策向为政者提出。可见，孔子对民极其重视，他提出富民的思想也在情理之中。其次是富，治国为政，首先要使民富裕起来。《孔子家语·贤君》："哀公问政于孔子，孔子对曰：政之急者，莫大乎使民富且寿也。"① 《说苑·建本》："子贡问为政，孔子曰，'富之。'既富，乃教之也，此治国之本也。"②

可见，孔子视为民致富是为政的目的。对于如何富民，孔子认为要先使民足食。《论语·颜渊》载："足食，足兵，民信之矣。"③《论语·尧曰》："所重：民、食、丧、祭。"④ 不管是在治国方面，还是在祭祀方面，孔子都把足食置于首要地位，可见，他意识到人的生存才是首要的前提。如果温饱问题不能解决，那么其他一切也都枉谈。因而，孔子重视粮食问题，重视农业生产状况，这符合了农业时代的社会发展需求。孔子认为使民致富除了重视农业生产以外，还要注重

---

① 《论语》，南海出版公司 2013 年版，第 325 页。
② 《子部·说苑》，学苑音像出版社 2004 年版，第 86 页。
③ 《论语》，南海出版公司 2013 年版，第 103 页。
④ 《论语》，南海出版公司 2013 年版，第 180 页。

商业、手工业的发展，认为它们也不失为民致富的一种手段。

孔子的富民主张，适应了社会生产力的发展需要，也是社会历史分工的客观反映，同时也是孔子民生思想的重要体现。

2. 孔子的"教民"思想

受教育的权利是现代公民最基本的权利之一。教育是一个人成长的起点，决定一个人乃至其家庭的命运。从这个意义上说，教育无疑是最大的民生问题。就如何充分实现教育的民生价值，孔子在《论语》中有着一系列的精辟论述，时至今日依然发人深省。

孔子认为教育对社会发展具有重要作用，为立国治国之要。孔子首创私学，通过教育开发民智，使"学有所教"，大大促进了民生发展。能够反映孔子"教民"思想的论述有很多，例如：

子曰："有教无类。"①

不教而杀谓之虐。②

在孔子的"教民"思想中，最重要一点是"有教无类"。

孔子认为教育对社会发展具有重要作用，为立国治国之要。基于"性相近也，习相远也"③ 这种最古老的天赋平等

---

① 《论语》，三秦出版社 2012 年版，第 367 页。
② 《论语》，三秦出版社 2012 年版，第 443 页。
③ 《论语》，三秦出版社 2012 年版，第 382 页。

的人性论为理论依据，孔子提出了"有教无类"的主张。对于"有教无类"，东汉马融说："言人所在见教，无有种类。"也就是说，无论家庭贫富、出身贵贱、品行善恶、聪明愚笨，都应当接受教育，也都能够进行教育。孔子提出"有教无类"，冲破了"礼不下庶人"的界限，打破了贵族对学校教育的垄断，最大限度地体现了教育的民生意义。

孔子的民生思想诞生在民族统治体系走向衰亡的时期，其无疑带着民族时代的烙印。但其民生思想却对中国历代封建王朝产生了巨大和深远的影响，也成为至今我国民生思想的宝贵遗产。

（三）墨子的民生思想

在先秦诸子中，墨家学派创始人墨子，是继孔子之后的又一位享有圣名的思想家。墨子以"兼爱"为核心，传达了一种爱无差等，为万民兴利的民本精神。墨子的民生思想有三个方面，"兼爱"："爱利万民""爱利百姓"；"尚贤"："官无常贵，民无终贱"；"天志"："兴天下之利，而除天下之害"。

1. 兼爱

墨子提出"兼相爱"的思想，主张"爱利万民"①"爱利

---

① 《墨子》，上海古籍出版社 2014 年版，第 34 页。

百姓"① "兼以易别"②，从根本上打破了儒家等级和亲疏的界限，淡化尊卑贵贱之别，倡导的"爱人"之德。爱的对象也扩展到个体之外的人类整体，爱人如己的无差等的思想，"为彼犹为己也。"③ 墨家主张不分你我、彼此、家界、国界的兼爱。墨家兼爱理想的最终目标是："老而无妻子者，有所侍养，以终其寿；幼弱孤童之无父母者，有所放依，以长其身。"④ "视人之国，若视其国。视人之家，若视其家。视人之身，若视其身。"⑤

墨家主张"兼"，反对"别"。兼爱的基本要求是每个人都本着互爱互利的精神，造就一个和睦相处的社会环境；反之，如果大家"不相爱"，则会使社会混乱。墨子说："天下之人皆不相爱，强须执弱，众必劫寡富必侮贫，贵必敖贱，诈必欺愚。"⑥ "天下兼相爱则治，相恶则乱"⑦ 正是这个意思。

关注弱势群体是墨家民生思想的一个重要内容。墨子提倡"有力者疾以助人，有财者勉以分人，有道者劝以教人。

---

① 《墨子》，上海古籍出版社 2014 年版，第 245 页。
② 《墨子》，上海古籍出版社 2014 年版，第 65 页。
③ 《墨子》，上海古籍出版社 2014 年版，第 65 页。
④ 《墨子》，上海古籍出版社 2014 年版，第 66 页。
⑤ 《墨子》，上海古籍出版社 2014 年版，第 60 页。
⑥ 《墨子》，上海古籍出版社 2014 年版，第 60 页。
⑦ 《墨子》，上海古籍出版社 2014 年版，第 59 页。

若此，则饥者得食，寒者得衣，乱者得治。"① 墨子希望将这种"兼爱"的思想传送到每一个人心中，以帮助社会弱势群体，"使天下兼相爱"，从而达到"国与国不相攻，家与家不相乱，盗贼无有，君臣父子皆能孝慈"，从而达到"天下治"②，建立起一个人与人之间相亲相爱的和睦社会。

2. 尚贤

"夫尚贤者，政之本也。"③ "尚贤"是墨子在民主政治生活中提出的一条重要原则。春秋战国时期，由于诸侯国任人唯亲，没有平民权利可以保障，更没有民主。因此，墨子提出选贤举能的"尚贤"思想，"国有贤良之士众，则国家之治厚；贤良之士寡，则国家之治薄"④，指出拥有贤能是国家的幸事，同时，只有尊重贤能，国家才能够得到治理，人民的生活才能够得到保证。

墨子主张"尚贤"，强调要"不辟亲疏"，"不党父兄，不偏贵富，不嬖颜色"，公正平等地选用人才，做到"官无常贵而民无终贱"⑤。即使是"农与工肆之人"，只要是那些"厚乎德行，辩乎言谈，博乎道术"⑥ 的贤者、能者，都可

---

① 《墨子》，上海古籍出版社 2014 年版，第 40 页。
② 《墨子》，上海古籍出版社 2014 年版，第 59 页。
③ 《墨子》，上海古籍出版社 2014 年版，第 28 页。
④ 《墨子》，上海古籍出版社 2014 年版，第 26 页。
⑤ 《墨子》，上海古籍出版社 2014 年版，第 27 页。
⑥ 《墨子》，上海古籍出版社 2014 年版，第 26 页。

"举而上之,富而贵之,以为官长"①。反之,对"不肖者,抑而废之,贫而贱之,以为徒役"②,倡导任人唯德唯贤,反对任人唯亲。其为贤之道以为民谋利,救民于水火,安民抚众为根本,提倡贵德尚贤,达到了济贤与安民的统一。

墨子言:"为贤之道将奈何?曰:有力者疾以助人,有财者勉以分人,有道者劝以教人。若此,则饥者得食,寒者得衣,乱者得治。若饥则得食,寒则得衣,乱则得治,此安生生。"③可见安世济民是墨子衡量贤者的重要标准。在人才的选拔上,墨子用"列德而尚贤""以德就列"的方法来举贤,认为"古者圣王之为政,列德而尚贤,虽在农与工肆之人,有能则举之。高予之爵,重予之禄,任之以事,断予之令""以德就列,以官服事,以劳殿赏,量功而分禄。故官无常贵而民无终贱,有能则举之,无能则下之。举公义,辟私怨,此若言之谓也"④,视德义来纳贤,"举义不辟贫贱""举义不辟亲疏"⑤,无论贫富贵贱,一视同仁。

3. 天志

在墨子的伦理思想中,对在上的统治者,他希望其能以"天下人之利"为利,对普通民众,他寄望于"兼相爱,交

---

① 《墨子》,上海古籍出版社 2014 年版,第 29 页。
② 《墨子》,上海古籍出版社 2014 年版,第 29 页。
③ 《墨子》,上海古籍出版社 2014 年版,第 40 页。
④ 《墨子》,上海古籍出版社 2014 年版,第 27 页。
⑤ 《墨子》,上海古籍出版社 2014 年版,第 27 页。

相利"。但在社会动乱的春秋战国时代，墨子也清楚地看到了"今求善者寡"① 的局面。为了进一步实现自己的道德理想，墨子提出了他的另一独具特色的学说概念，"天志"，即上天的意志。

"天志"观在墨子思想中有着重要的用意。墨子认为，从古者圣王之事看，"先王之宪""先王之刑""先王之誓"都无"执有命者之言"；从百姓耳目之实看，无论"生民""诸侯"还是"古之圣王"，都没有"闻命之声""见命之物"。在他看来，"命"的产生只是由于"上世之穷民，贪于饮食，惰于从事，是以衣食之财不足，而饥寒冻馁之忧至"。② 由于统治者的懒怠或沉迷于安逸享乐，才会以"命"欺世，这样将导致社会出现"为君则不义，为臣则不忠；为父则不慈，为子则不孝；为兄则不良，为弟则不弟"③ 的混乱局面。

在对"天"的理论认知上，正是看到了统治阶级腐朽专制背后"命"的伪善性，墨子在"非命"的同时大力倡扬"天志"的思想。他坚信自然界的万事万物，包括自然界和人类社会在内的一切都是上天创造、主宰、安排的："今夫天兼天下而爱之，擊遂万物以利之，若豪之末，非天之所为，

---

① 《墨子》，上海古籍出版社 2014 年版，第 146 页。
② 《墨子》，上海古籍出版社 2014 年版，第 235 页。
③ 《墨子》，上海古籍出版社 2014 年版，第 145 页。

而民得而利之，则可谓否矣。"① 墨子还坚持认为，上天具有自己的意志和好恶，能遵循因果必然的法则，按照自己的意志来创造宇宙，并对人的行为进行赏罚。他强调："顺天意者，兼相爱，交相利，必得赏。反天意者，别相恶，交相贼，必得罚。"② "爱人利人，顺天之意，得天之赏者有矣；憎人贼人，反天之意，得天之罚者亦有矣。"③ "我为天之所欲，天亦为我所欲。"④ "天子为善，天能赏之；天子为暴，天能罚之。"⑤ 于墨子而言，天善良为民，扶善惩恶，维护正义，天下之治要行"善政"。⑥

墨子继而将"天志"视为衡量、规范乃至改造人的力量。他说："我有天志，譬若轮人之有规，匠人之有矩。"⑦ "天志"思想的作用在墨子看来就是规范、尺度，能"上将以度天下之王公大人为刑政也，下将以量天下之万民为文学、出言谈也。观其行，顺天之意，谓之善意行；反天之意，谓之不善意非……故置此以为法，立此以为仪，将以量度天下之王公大人卿大夫之仁与不仁，譬之犹分黑白也"，⑧ 即"天

①　《墨子》，上海古籍出版社 2014 年版，第 112 页。
②　《墨子》，上海古籍出版社 2014 年版，第 106 页。
③　《墨子》，上海古籍出版社 2014 年版，第 112 页。
④　《墨子》，上海古籍出版社 2014 年版，第 105 页。
⑤　《墨子》，上海古籍出版社 2014 年版，第 109 页。
⑥　《墨子》，上海古籍出版社 2014 年版，第 109 页。
⑦　《墨子》，上海古籍出版社 2014 年版，第 107 页。
⑧　《墨子》，上海古籍出版社 2014 年版，第 114—115 页。

志"是度量世间是非善恶，人事行为的尺度。无论王公大人、士卿君子，还是万民百姓，只要"爱人、利人，顺天之意"，就能"得天之赏者也"，① "爱人""利人"与享受天德是一脉相承的。

墨子的"天志"思想，是从一种宗教观的层面上提出了"兼爱""尚贤"的合理性和必要性，以此希望统治者顺应天意，以利于民。

综合上述，墨子的"民本"精神以"兼爱"为核心，在实施上集中地以"尚贤""天志"为保障，大力倡扬了兴天下、利百姓的善政主张，体现了墨子以民为本、重民爱民的民生思想。

墨子差不多是与老子、孔子处于同一时代，他主要代表的是工匠、小私有者的利益，并借助于宗教鬼神形式把其简爱互助的思想表达出来，墨子在许多的认知上与孔子学说相对立。但是在批判苛政、反对兼并战争，重民、爱民的民生思想上则不约而同，也是我们今天需批判继承的宝贵思想财富之一。

（四）孟子的民生思想

孟子，名轲，古代著名思想家、教育家，战国时期儒家

---

① 《墨子》，上海古籍出版社 2014 年版，第 113 页。

代表人物。孟子继承并发扬了孔子的思想，将儒家的民生思想更推进了一步。孟子的民生思想有两方面：一是"民贵君轻"，二是"制民恒产"。

1. "民贵君轻"

孟子认为，民众对社会起决定作用，民众是天下国家的根本，天子、国君、大夫必须为民众办事，才能得到民众的拥护。

《孟子·尽心下》中说，"民为贵，社稷次之，君为轻。是故得乎丘民而为天子，得乎天子为诸侯，得乎诸侯为大夫。诸侯危社稷，则变置。"①

按照孟子的说法，在社会的政治结构中，有民、天子、诸侯、大夫几个方面。社稷是祭祀"谷神土神"之处，如果以洁净的供品按时祭祀，却仍不能免去水旱灾害，就应该变置它。一个人得到诸侯的喜欢，就可以做大夫，一个人得到天子的喜欢，就可以做诸侯，在这层层结构中，天子具有最高的地位。但是，他只有赢得民众，才能做天子。

反之，如果他失去了民心，那么即"君可易位"。这一观点在《孟子·万章下》中表述得十分明显。当齐宣王问孟子公卿之事时，孟子答曰："君有大过则谏，反复之而不听，则易位。"语出惊人，令齐宣王勃然变色。这些论述中所蕴含

---

① 《孟子》，上海古籍出版社2013年版，第208页。

的政治主张，概括讲就是：民贵于君，社稷可变，国君可换，人民是政权更替的最终决定力量，君主的地位、权威绝对不是不容侵犯和动摇的。民心向背对于国家的兴衰、政权的更迭具有举足轻重的作用。

孟子说："桀、纣之失天下也，失其民也；失其民者，失其心也。得天下有道，得其民，斯得天下矣；得其民有道，得其心，斯得民矣。"① 孟子精辟地阐述了得失天下，在于民的得失，而民的得失，又在于民心的得失，民心之向背又在于民之施予和满足民欲等方面。桀纣的败亡，就在于无视人民的希望与要求，倒行逆施。

而真正的好君主应该做到什么呢？孟子认为大禹给统治者做了榜样："禹思天下有溺者，由己溺之也；稷思天下有饥者，由己饥之也，是以如是其急也。"② 简言之，只有把民的事当成自己的事，把民的疾苦当作自己的疾苦，心系百姓的，才是能赢得民心的合格的君主。

孟子的这种"民本"思想，至今对我们仍有重要的启迪意义。

2. "制民恒产"

与孔子的"富民"思想相似，孟子认为只有"制民恒产"，使人民的生活得到保障，百姓才会安居乐业，国家才会

① 《孟子》，上海古籍出版社 2013 年版，第 95 页。
② 《孟子》，上海古籍出版社 2013 年版，第 119 页。

政通人和。除了"制民恒产",还要"薄税敛""明人伦"。

孟子非常重视人民的生存和发展问题,主张切实保障人民的生活需要,其中"制民之产"的思想就闪烁出其民生思想的火花。

"制民之产"最根本的原则是给民以足够维护其生活的"恒产"。恒产就是固定的产业,当时主要指土地和园宅。他认为:"无恒产而有恒心者,惟士为能。若民,则无恒产,因无恒心。苟无恒心,放辟邪侈,无不为已。"① "是故明君制民之产,必使仰足以事父母,俯足以畜妻子,乐岁终身饱,凶年免于死亡。然后驱而之善,故民之从之也轻。"② 于是,他勾画了男耕女织、长幼有序、不饥不寒、有养有教的理想社会的蓝图:"五亩之宅,树之以桑,五十者可以衣帛矣。鸡豚狗彘之畜,无失其时,七十者可以食肉矣。百亩之田,勿夺其时,八口之家可以无饥矣。谨庠序之教,申之以孝悌之义,颁白者不负戴于道路矣。老者衣帛食肉,黎民不饥不寒,然而不王者,未之有也。"③

人民有了物质上的"恒产",才可能具有精神上坚定的道德信念的"恒心"。切实保障人民的生活需要,改善人民的生存状态,以便"谨庠序之教,申之以孝悌之义",这是

---

① 《孟子》,上海古籍出版社 2013 年版,第 10 页。
② 《孟子》,上海古籍出版社 2013 年版,第 10 页。
③ 《孟子》,上海古籍出版社 2013 年版,第 11 页。

孟子民本思想的根本所在。

在具体的养民政策方面，孟子考虑极为全面。他说："不违农时，谷不可胜食也；数罟不入洿池，鱼鳖不可胜食也；斧斤以时入山林，林木不可胜用也，谷与鱼鳖不可胜食，材木不可胜用，是使民养生丧死无憾也。养生丧死无憾，王道之始也。"①

孟子认为减轻刑罚，少收赋税，让百姓有时间深耕细作，过上富裕的日子，才能得到人民的真心拥护，使国力增强。"易其田畴，薄其税敛，民可使富也。"② 他说："市廛而不征，法而不廛，则天下之商皆悦而愿藏于其市矣。关讥而不征，则天下之旅皆悦而愿出于其路矣。耕者助而不税，则天下之农皆悦而愿耕于其野矣。廛无夫里之布，则天下之民皆悦而愿为之氓矣。"③

孟子在《孟子·滕文公上》和《孟子·告子下》中详细地讨论过税率和征收办法，认为税率过低就不能够支撑国家的正常开支，税率的高低应根据国家的具体情况而有所不同。像"昔者文王之治岐也，耕者九一，仕者世禄，关市讥而不征，泽梁无禁，罪人不孥"，④ 是行政的楷模。对于貉国这样

---

① 《孟子》，上海古籍出版社 2013 年版，第 3—4 页。
② 《孟子》，上海古籍出版社 2013 年版，第 190 页。
③ 《孟子》，上海古籍出版社 2013 年版，第 43 页。
④ 《孟子》，上海古籍出版社 2013 年版，第 21 页。

的小国，"五谷不生，惟黍生之。无城郭、宫室、宗庙、祭祀之礼，无诸侯币帛饔飧，无百官有司"，"二十取一而足也"。① 貉这样的小国，没有各种官吏和行政机构的开销，实行二十抽一的税率就够了。而对于中原大国，"去人伦，无君子，如之何其可也？"② 没有社会伦常礼仪、各种官吏，是行不通的。因此，"欲轻之于尧、舜之道者，大貉、小貉也；欲重之于尧、舜之道者，大桀、小桀也。"③ 总之，孟子在税收问题上主张"取于民有制"，君主和他的官员要根据具体情况确定税率和税收办法，取之于民，用之于民。赋税的征收应该建立在客观情况允许的范围之内，既要考虑国家需要，也要考虑人民的承受能力。

此外，孟子十分重视教育，他认为好的教育比好的政令更重要，更带根本性，提出："善政，不如善教之得民也。善政民畏之，善教民爱之；善政得民财，善教得民心。"④ 这表明，孟子抬高教育还是从"得民心"这一政治目的出发的。孟子认为，使人民有稳定的经济生活，仅仅是"王道之始"，进而对人民施行教化，才能保证王道的完成。因此，他主张在庶民百姓解决温饱、有了恒产之后马上应该施以道德教化：

---

① 《孟子》，上海古籍出版社 2013 年版，第 175 页。
② 《孟子》，上海古籍出版社 2013 年版，第 175 页。
③ 《孟子》，上海古籍出版社 2013 年版，第 175 页。
④ 《孟子》，上海古籍出版社 2013 年版，第 186 页。

"设为庠序学校以教之。庠者，养也；校者，教也；序者，射也。夏曰校，殷曰序，周曰庠，学则三代共之，皆所以明人伦也。"①

孟子是孔子学说百年后最重要的继承人。孟子所处时代封建统治已确立，因此他思想主导方面是为新兴的封建制服务的，但受传统思想影响，他也有一些复旧、保守的一面。孟子进一步发展了孔子的民生思想，在中国历史上起了积极作用，所以后人把孔子和孟子并称为"孔孟之道"。

（五）荀子的民生思想

荀子，战国末期赵国人，是继孔子、孟子后儒家又一重要代表。荀子主张富国、富民，他认为只有考虑到广大人民的利益，才能维护封建统治。为此，他提出"节用裕民"和"开源节流"的民生主张。关于他的这一思想主要体现在《荀子·富国》篇内。

荀子认为，国家政治稳定的保障就在于裕民。民富则国家强盛，民贫则国家覆灭。"故王者富民，霸者富士，仅存之国富大夫，亡国富筐箧、实府库。筐箧已富，府库已实，而百姓贫，夫是之谓上溢而下漏，入不可以守，出不可以战，则倾覆灭亡可立而待也。"②

---

① 《孟子》，上海古籍出版社 2013 年版，第 64 页。
② 《荀子》，上海古籍出版社 2014 年版，第 91 页。

"下贫则上贫，下富则上富。"因此，如何裕民也是荀子思考的问题。荀子提出，"强本节用，则天不能贫。……本荒而用侈，则天不能使之富。""足国之道，节用裕民而善藏其余。节用以礼，裕民以政。彼裕民故多余，裕民则民富。"①

除了"节用裕民"，荀子还提出了"开源节流"的主张。他说，"百姓时和，事业得叙者，货之源也；等赋府库者，货之流也。故明主必谨养其和，节其流，开其源，而时斟酌焉。"这就是荀子主张的"开源节流"的主张。

无论是"开源节流"还是"节用裕民"，荀子都强调了当政者应该遵循"俭"的原则。"恭俭者，屏五兵也。虽有戈矛之刺，不如恭俭之利也。"当政者保持生活的节俭，避免骄奢淫逸。减轻民众的生活压力，使民富裕，使过强盛，才是强国之道，也是民生之道。

荀子所处时代已是春秋战国的末期，社会转型已完成。荀子在继承孔孟儒家思想的基础上，把老子、墨子等各派的思想融进了他的学说中。他在强调严格的君主等级制度的前提下，所提出的民生思想对后世颇具影响。

二、中国古代的民生实践

在诸多思想家和政客"民生"思想的影响下，中国古代

① 《荀子》，上海古籍出版社 2014 年版，第 108 页。

的统治者均有相应的政策施行。民生实践多体现在改朝换代之初或大兴变法之时。尽管其目的是为了巩固统治，但客观上起到了促进民生的作用。这些民生实践集中在改革与赋税调整、水利、赈灾救灾等几个方面。

（一）　改革与赋税调整

春秋时，齐桓公任用管仲改革，"因其俗、简其礼，通工商之业，便鱼盐之利"。实行粮食"准平"政策，即"民有余则轻之，故人君敛之以轻；民不足则重之，故人君散之以重。凡轻重敛散之以时，即准平。……故大贾畜家不得豪夺吾民矣"① 这种"准平"制，不但是一种平衡粮价的政策，也间接承认了农民自由买卖粮食的权利及自由私田的合法性，并且还保障了私田农的生产利润。这种经济政策，亦为经济层面的国君集权；提出"相地而衰"的土地税收政策，就是根据土地的好坏不同，来征收多少不等的赋税。这样使赋税负担趋于合理，提高了人民的生产积极性。又提倡发展经济，积财通货，设"轻重九府"，观察年景丰歉，人民的需求，来收散粮食和物品。这使得齐国民富国强，为齐桓公称霸奠定了基础。

战国时，秦孝公任用商鞅进行变法。"秦孝公任商鞅。鞅

---

① 《汉书选》，中华书局1984年版，第64—65页。

以三晋地狭人贫，秦地广人寡，故草不尽垦，地利不尽出。于是诱三晋之人，利其田宅，复三代，无知兵事而务本于内，而使秦人应敌于外。故废井田，制阡陌，任其所耕，不限多少。"① 再加上"重农抑商，奖励耕织""统一度量衡"等政策，"孝公用商鞅之法，移风易俗，民以殷盛，国以富强，百姓乐用，诸侯亲服，获楚、魏之师，举地千里，至今治强。"②

汉初实行了"休养生息"政策。汉高祖、惠帝、吕后，二十八年的休养生息，文帝、景帝的减田赋、息徭役、与民休息的政策。至"汉兴，七十余年间，国家无事，非遇水旱之灾，则民人给家足……京师之钱累百巨万，贯朽而不可校，太仓之粟陈陈相因，充溢露积于外，腐败不可食"③。

三国时期，曹操于建安元年（196年）命任峻在许昌一带从事屯田事业。

唐朝，唐高祖效仿汉初实行"休养生息"政策。唐太宗则在减轻徭赋、考核官吏、赈民救灾等方面颇有作为：

贞观二年，太宗谓侍臣曰："凡事皆须务本。国以人为本，人以衣食为本，凡营衣食，以不失时为本。夫不失时者，在人君简静乃可致耳。若兵戈屡动，土木不息，而欲不夺农

---

① 《文献通考》卷十二，中华书局1986年版，第31页。
② 《史记》卷八十七，中国三峡出版社2006年版，第2379页。
③ 《史记》，中华书局1959年版，第1420页。

时，其可得乎？"①

贞观十六年，太宗以天下粟价率计斗直五钱，其尤贱处，计斗直三钱，因谓侍臣曰："国以民为本，人以食为命，若禾黍不登，则兆庶非国家所有。既属丰稔若斯，朕为亿兆人父母，安得不喜？唯欲躬务俭约，必不辄为奢侈。朕欲常赐天下之人，皆使富贵。今省徭薄赋，不夺其时。"②

太宗方锐意于治，官吏考课，以鳏寡少者进考，如增户法；失劝导者以减户论。……其凶荒则有社仓赈给，不足则徙民就食诸州。尚书左丞戴胄建议："自王公以下，计垦田，秋熟，所在为义仓，岁凶以给民。"太宗善之，乃诏："亩税二升，粟、麦、粳、稻，随土地所宜。宽乡敛以所种，狭乡据青苗簿而督之。……岁不登，则以赈民；或贷为种子，则至秋而偿。"③

唐太宗还提出"若家给人足，朕虽不听管弦，乐在其中矣"④。这些改革成效显著，形成了历史上著名的"贞观之治"。"贞观初，户不及三百万，绢一匹易米一斗。至四年，米斗四五钱，外户不闭者数月，马牛被野，人行数千里不赍粮，民物蕃息，四夷降附者百二十万人。"⑤

---

①　《贞观政要》卷八，中华书局 2009 年版，第 253 页。

②　《贞观政要》卷八，中华书局 2009 年版，第 255 页。

③　《宋祁·新唐书·食货志》，中华书局 1975 年版，第 1344 页。

④　《资治通鉴》卷 196，中华书局 1962 年版，第 3505 页。

⑤　《新唐书·食货志》，上海古籍出版社 2005 年版，第 73 页。

唐玄宗则"选贤任能""大力发展生产""大兴文治，发展科举，广聚学者"，形成"开元盛世"；中期的杨炎"两税法"，提出每户按资产缴纳户税，按田亩缴纳地税，一年分夏秋两次缴纳，改变了自战国以来以人丁为主的征税标准，收税时间由不定时改为定时。

北宋时，王安石变法提出"青苗法""募役法""方田均税法""农田水利法""市易法"等，有效改善了民生。

知大名府韩琦言："臣准散青苗诏书，务在惠小农，不使兼并乘急以要倍息，而公家无所利其入。今所立条约，乃自乡户一等而下皆立借钱贯陌，三等以上更许增借。"①

安石曰："变风俗，立法度，最方今之所急也。"上以为然……据家赀高下，各令出钱雇人充役……以东、西、南、北各千步，当四十一顷六十六亩一百六十步为一方。岁以九月，令、佐分地计量，验地土肥瘠，定其色号，分为五等，以地之等，均定税数。②

"青苗免役等法，民莫不歌舞圣泽。"

1581 年，明代张居正改革提出"一条鞭法"。"一条鞭法者，总括一州之赋役，量地计丁，丁粮毕输于官，一岁之役，官为金募，力差则计其工食之货，量为增减，银差则计其交纳之费，加以增耗。凡额办、派办、京库岁需与存留供亿诸

① 《宋史》，中华书局 1977 年版，第 4281—4282 页。

② 《宋史》，中华书局 1977 年版，第 10544—10545 页。

费，以及土贡方物，悉并一条。皆计亩征银折办于官，故谓之一条鞭法。"[1] 措施有三：（1）清丈土地，扩大征收面，使税负相对均平。（2）统一赋役，限制苛扰，使税负趋于稳定。由于赋役统一，各级官吏难以巧以名目。因此，丛弊为之一清，使税负趋向稳定，农民得以稍安。（3）计亩征银，官收官解，使征收办法更加完备。不按实物征课，省却了输送储存之费；不由保甲人员代办征解，免除了侵蚀分款之弊，使征收方法更臻完善。

明代后期实行的"一条鞭法"是摊丁入亩的最初阶段，规定免行差役，以现金代替，并与田赋一起征收，使税赋征收更为简便，同时也减少了无田地者的负担，部分地区亦有摊丁入亩的举措，在当时称为随粮派丁、田代丁编或丁随田办。

清康熙五十三年（1714年），颁布了著名的"滋生人丁，永不加赋"的诏令，使得丁税的数量成为定额，新增加的人口不必再负担丁税。至雍正年间开始，则正式将丁税废除，将康熙末年已经固定的丁银数目，分摊入田赋，使得没有田产的人可以不纳赋税。但这个政策在各地区实行先后不一，最早如广东在康熙五十五年（1716年）即开始实行，大多数省份在雍正四年至七年之间实行，少数边区省份如贵州、中

---

① 《明史》卷七八，中华书局1974年版，第1902页。

国台湾、东北则到乾隆以后才实行，最晚的吉林在光绪八年（1882 年）才完成了摊丁入地。

（二）水利

农业是古代经济的命脉，要想发展好农业，以利百姓的生计，离不开水利工程。

战国初期魏文侯，《史记·河渠书》"西门豹引漳水溉邺，以富魏之河内"。

《吕氏春秋》卷十六《乐成篇》载有魏襄王之臣史起从事水利工程修复工作。

秦孝公用商鞅主政，公元前 350 年变法，废井田，开阡陌，极力奖励三晋移民，土地得以开发，农业水利事业随之兴起。

秦昭襄王时，蜀郡太守李冰治蜀，从事岷江流域的水利事业经营。《史记·河渠书》载："于蜀，蜀守冰凿离碓，辟沫水之害；穿二江成都之中。此渠皆可行舟，有余则用溉浸，百姓飨其利。至于所过，往往引其水益用溉田畴之渠，以万亿计，然莫足数也。"① 韩国水工郑国修建郑国渠水利灌溉工程。"（韩）使水工郑国间说秦，令凿泾水自中山西邸瓠口为渠，并北山东注洛三百余里，欲以溉田。……渠就，用注填

---

① （汉）司马迁：《史记》，中华书局 1959 年版，第 1407 页。

阔之水，溉泽卤之地四万余顷，收皆亩一钟。于是关中为沃野，无凶年，秦以富强，卒并诸侯，因命曰郑国渠。"①

汉高祖在汉中地区有张良渠。景帝时蜀郡太守文翁会扩大了李冰原有的水利事业规模。汉武帝开始了大规模渠水事业的经营：元光六年（公元前 129 年），"是时郑当时为大农……天子以为然，令齐人水工徐伯表，悉发卒数万人穿漕渠，三岁而通。通，以漕，大便利。其后漕稍多，而渠下之民颇得以溉田矣。"后又修造了河东渠、龙首渠。元鼎六年（公元前 111 年）在郑国渠上流南岸开六辅渠以助灌溉。武帝太始二年（公元前 95 年），赵国中大夫白公在关中开白渠。武帝中晚期，开灵轵渠、成国渠、漳渠等。《史记·河渠志》："朔方、西河、河西、酒泉皆引河及川谷以溉田；而关中辅渠、灵轵引堵水；汝南、九江引淮；东海引钜定；泰山下引汶水。皆穿渠为溉田，各万余顷。佗小渠披山通道者，不可胜言。"

东汉时，淮汉流域陂水事业发展兴盛。汉和帝于永元十年（98 年）下诏令，其中特别强调对沟渠的疏导。安帝于元初二年（115 年）二月下诏维护临漳、三辅、河内、河东、上党等地区的重要水利工程。

三国时期，曹操于建安元年（196 年）命任峻在许昌一

---

① 《史记·河渠书》，中华书局 1959 年版，第 1405—1408 页。

带从事屯田事业。对西门豹所凿的漳河渠加以修复。魏文帝、明帝时代，河南西北的司马孚修治石门。司马懿重修扩大魏文帝时豫州刺史贾逵所开运渠为广漕渠。顺帝永和五年（140年），会稽太守马臻筑镜湖以灌溉 9000 顷农田。孙亮建兴元年（252 年）十月，诸葛恪兴东兴塘。天玺元年（276 年），临平湖开通。

魏晋南北朝之后，新设的水利工程很少，大多是对之前水利工程的维护和疏导，或在之前水利工程的基础上做一些完善。

（三）赈灾救济

中国古代的社会保障并不完善，赈灾救济，是中国古代体现民生的重要部分。《史记》中记载"自河决瓠子后二十余岁，岁因以数不登，而梁楚之地尤甚。天子既封禅巡祭山川，其明年，旱，干封少雨。天子乃使汲仁、郭昌发卒数万人塞瓠子决。于是天子已用事万里沙，则还自临决河，沈白马玉璧于河，令群臣从官自将军已下皆负薪寘决河。"[1] 可见中国古代对救灾十分重视。灾情发生后，灾民最需要救助。朝廷通过赈灾救济，以保障民生。其救灾政策措施，主要包括赈济、减免赋税、调粟平粜、转移灾民、抚恤安置、劝奖社会

---

① 《史记》卷二十九，中国三峡出版社 2006 年版，第 1249—1250 页。

助赈等。

赈济和减免赋税是古代最常用的救灾政策。"赈济者，用义仓米施及老、幼、残疾、孤、贫等人，米不足，或散钱与之，即用库银籴豆、麦、菽、粟之类，亦可。"①

汉代发生地震等自然灾害后，一方面派遣官员到灾区抚慰，另外减免租税，发放救济金。减免的赋税，除免征田租外，还免征耕地附加税、戍边代役钱、人头税。

史料载："公元119年（东汉安帝元初六年），春二月乙巳，京师及郡国四十二地震，或坼裂，水泉涌出。壬子，诏三府选掾属高第，能惠利牧养者各五人，光禄勋与中郎将选孝廉郎宽博有谋、清白行高者五十人，出补令、长、丞、尉。②

公元121年（东汉安帝建光元年）冬十一月己丑，郡国三十五地震，或坼裂。诏三公以下，各上封事陈得失。遣光禄大夫案行，赐死者钱，人二千。除今年田租。其被灾甚者，勿收口赋。③

东汉永建三年汉阳郡大地震发生后，小皇帝刘保派光禄大夫赶赴金城、陇西等地灾区核查灾情，赏赐地震中遇难者家属。遇难者年纪在7岁以上，每人给2000钱，即《后汉

① 《中国救荒史》，北京出版社1998年版，第245—248页。
② 《后汉书》卷五，中华书局2007年版，第64页。
③ 《后汉书》卷五，中华书局2007年版，第66页。

书·顺帝纪》中载："京师地震，汉阳地陷裂。甲午，诏实核伤害者，赐年七岁以上钱，人二千；一家被害，郡县为收殓。乙未，诏勿收汉阳今年田租、口赋。夏四月癸卯，遣光禄大夫案行汉阳及河内、魏郡、陈留、东郡，禀贷贫人。"①

北魏宣武帝延昌元年四月地震发生后，朝廷"出太仓粟五十万石，以赈京师及州郡饥民"。第二年冬十月，朝廷除再次免除肆州、恒州等地一年税负外，又从国家粮库拿出粮食救济。纳税丁口全部死亡、孤立无所依靠、家里未接受免除赋役的灾民，由朝廷供粮，直到来年新粮收获时。

唐代有免赋税、徭役、户调，免积欠和缓征的措施。唐朝李隆基（玄宗）当皇帝的开元二十二年二月初十（公元734年3月23日），秦州发生大地震，死了4000多人。地震发生后，李隆基及时派出朝廷官员，前去震区慰问：有遇难者的人家免除一年徭役；一家死三人以上的，免除徭役二年。

西夏时期夏州地震遭"地陷死者二人免租税三年"。清吴广成《西夏书事》记载，当时李仁孝下旨，"遭地震地陷死者，二人免租税三年，一人免租税二年，伤者免租税一年。"

北宋赵祯（仁宗）当皇帝时的景祐四年十二月（1038年1月），京师开封和忻州、代州、并州等三州，先后发生地震。《宋史·五行志五》等史书记载，这一年的地震共死亡

---

① 《后汉书》卷六，中华书局 2007 年版，第 72 页。

32306 人，其中忻州 19742 人、代州 759 人、并州 1890 人。包括州一把手在内，忻州不少官员都在地震中遇难了，赵祯便给遇难官员的家属发放了 5 万至 10 万钱不等的抚恤金，"军民死伤者，皆赐有差"。

元代，凡有水旱灾，例行赈济，验口发放，赈期多为两三月。元朝规定，受灾十分之八以上，赋税全免；受灾十分之七、六、五，分别免原征额的十分之七、六和二分之一。

明朝建国初，一般每户给米 1 石。洪武二十七年（1394年）规定，大口 6 斗，小口减半。永乐二年（1404 年），降为大口 1 斗，6 至 14 岁 6 升，5 岁以下不给。明朝弘治三年（1490 年）规定，十分全灾免七分，九分灾及以下依次递减，直至四分灾免一分。

清前期到乾隆初年，对赈济有了统一的政策。赈期，水旱灾一律 1 月。另外按受灾分数及户等极贫、次贫的区别，各加赈 3—4 个月，甚至半年。从顺治元年（1644 年）至道光十九年（1839 年），清政府用于赈济的救灾银子约 4.5 亿两。清代京师每年十月初一至次年三月二十，五城按城设厂煮粥赈济，每城日给米 2 石，柴薪银 1 两。清朝沿袭"十分计灾法"。道光二十年（1840 年）前的 196 年中，清朝蠲免地丁银共 1.2 亿多两。如果加上蠲免积欠中的灾欠，灾蠲总数约 1.5 亿至 2 亿两。另外，清代蠲免还涉及芦课、盐课等杂税。缓征虽和蠲免、减征不同，只是延缓征收年限，但毕竟可以缓解民生压力。清代形成了相应的较为成熟的"蠲赈办法"。康熙十八年（1679年）七月二十八日北京特大地震后，康熙要求户部和工部，迅速拨款赈灾。户部主事沙世到震中三河县后，"散赈乡村穷民九百四十一户，户各白金一两。"清代还较多使用"移粟就民"的方法，即调运粮食、平抑粮价、转移灾民，及时从外地调运粮食支援灾区。调运的粮食来源，一是国库仓米，二是截留漕粮，三是采购。清代，调粟往往与平粜联系在一起。雍正二年（1724年），特大风暴潮灾袭击江苏、浙江，死亡约10万人。政府除及时给予赈济外，雍正帝还命令山东、河南、湖广、江西四省迅速动用司库银，共买26万石粮食，运交苏州和浙江巡抚平粜，抑制灾区粮价上涨。

另外，由于古代粮食储备和运输条件差，一旦发生严重灾荒，如果国家无力赈济和就地安置灾民，势必出现大批灾民四处逃荒求食现象。灾民逃荒，盲目性大，难免沿途抢劫，滋生事端，甚至引发动乱。为此，国家颁布相关政策法令，组织引导灾民有序流动，到丰裕地区就食糊口，这就是所谓的"移民就食"。如《汉书·高帝纪》载，高祖二年（前205年），关中大饥，米每斛涨到1万钱，出现人互相食的惨状，国家就把灾民转移到蜀汉地区，并发给他们口粮、路费、安家费等。除了发钱粮给幸存者生活外，官府还会给遇难者准备安葬费。如西汉刘骜（成帝）当皇帝时的绥和二年九月二

十一日（公元前 7 年 11 月 11 日），京师长安发生大地震，刘
骜第一时间派中央官员下去调查、慰问，"赐死者棺钱，人三
千"。康熙十八年七月二十八日北京特大地震，凡地震中遇难
者不能棺殓的，均由官府负责出资安葬。乾隆《三河县志》
记载，时工部主事常德等奉命到达三河后，除发放救济金外，
还负责料理遇难者后事，对 1168 名死者，每人头给棺殓银二
两五钱。而在其他地区，遇难者每人抚恤银二两。突发性严
重自然灾害，往往造成家破人亡，大批灾民流亡四方，伤病
无钱医治，死者没法安葬，卖儿鬻女的凄凉景象。为此，国
家同时采取了诸如赐葬、给医药、发放抚恤金、居养、赎子
等抚恤政策。清乾隆间，对各省分别制定了详细的抚恤标准。
凡是贫而不能自存的灾民，地方政府大多设临时收容所，并
把平时常设的慈善救济机构如居养院、普济院等动员起来收
容灾民。

　　中国封建社会绵延几千年，经历了多少次朝代的更迭。
每次更迭后的新皇（王）朝，鉴于前朝覆亡的教训，往往举
能纳贤、关注民生，采取了许多强国利民的举措，使国家逐
渐强盛。虽然，关注民生、颁布利民举措的目的是为了巩固
封建皇（王）朝的统治，但确实起到了强国富民的作用。古
为今用，中国古代关注民生的举措，也为我们今天留下了宝
贵的吸取和借鉴的价值。

第二章　旧民主主义时期的民生

　　旧民主主义时期是指鸦片战争爆发（1840 年）后至五四运动（1919 年）前的这段历史时期。这一时期，列强瓜分中国、中国人民处于水深火热之中。内忧外患，民不聊生。这一时期有两股新兴的势力，一是代表农民阶级的太平天国，一是代表资产阶级的中华民国。他们在历史上发挥了举足轻重的作用，也在民生发展的历史长卷上留下了不可磨灭的印迹。

一、旧民主主义时期的民生思想

　　这一时期的民生思想主要表现在《天朝田亩制度》《资政新篇》和孙中山的"三民主义"，尤其是"民生主义"。

(一)《天朝田亩制度》

　　《天朝田亩制度》是太平天国定都天京后，于 1853 年颁布的一个政策纲领。它是太平天国的基本纲领，其基本内容是关于土地改革制度，同时提及中央及地方政制，还涉及经济制度。其中土地制度是根本，是诸种制度所依托的基础，也是《天朝田亩制度》的精华所在。

《天朝田亩制度》中土地制度包含两个内容：一是划分土地质量的等级标准；二是土地分配的原则和方法。《天朝田亩制度》把天下田亩按其产量多寡，分为三类九等，以期建立一个"有田同耕，有饭同食，有衣同穿，有钱同使，无处不均，无人不饱"的理想社会。

除了土地制度，《天朝田亩制度》中还涉及教育和社会保障两个方面的民生内容。

关于教育。太平天国的教育是以宗教形式进行，每二十五家设一礼拜堂，礼拜堂兼学校。

凡内外诸官及民，每礼拜日听讲圣书，虔诚祭奠，礼拜颂赞天父上主皇上帝焉。每七七四十九礼拜日，师帅、旅帅、卒长更番至其所统属两司马礼拜堂讲圣书，教化民，兼察其遵条命与违条命及勤惰。如第一七七四十九礼拜日，师帅至某两司马礼拜堂，第二七七四十九礼拜日，师帅又别至某两司马礼拜堂，以次第轮，周而复始。旅帅、卒长亦然。①

关于社会保障，太平天国则强调对于鳏寡孤独者和有残疾或疾病的人免除徭役，由国家供养。

---

① 《太平天国文选》，上海人民出版社 1956 年版，第 49 页。

凡天下每一夫有妻子女三、四口，或五、六、七、八、九口，则出一人为兵。其余鳏寡孤独废疾免役，皆颁国库以养。[①]

在《天朝田亩制度》颁布后，由于战事频繁及其他原因，许多列出的措施未能在太平天国统治区内有效实施。

(二)《资政新篇》

1856年9月，太平天国国都天京（南京）爆发了"杨韦事件"。北王韦昌辉、燕王秦日纲以迅雷不及掩耳的行动杀死东王杨秀清及其部众两万多人，从湖北赶回天京的翼王石达开谴责北王滥杀，亦险遭害而逃出天京。11月在石达开集兵东讨之际，洪秀全乃与天京文武合诛韦昌辉、秦日纲及其余众。及至石达开回到天京，乃接替东王掌理政务，暂时稳定了太平天国的局面。唯洪秀全饱尝杨、韦之苦，不再信任外臣而专任他无才无能的胞兄洪仁发、洪仁达。1857年6月，石达开终以遭洪氏兄弟的疑忌而出走安庆，转赴江西，别图发展，而洪氏兄弟专恣愈甚，人心不服，各有散意。太平天国际此杨韦事件后之严重内伤及翼王石达开的分离出走，此种局面，真可谓岌岌可危。1859年年初，留居香港多年的洪仁玕来到天京，立即被天王洪秀全引为朝廷砥柱，封为干王，

---

① 《太平天国文选》，上海人民出版社1956年版，第49页。

总理机务。洪仁玕在香港时，即与西方传教士多人接触，除对各国的政治、经济和世界形势了然于胸，亦看出中国的危机，对于如何始能振兴国家，以何种方案去辅助洪秀全建设太平天国，早就进行了深思熟虑的探索。在洪秀全的恩宠激励下，他便将自己思之已久对天朝施政的理念，具体以书面提出。这就是堪称中国历史上第一个近代化方案的《资政新篇》。《资政新篇》分用人察失类、风风类、法法类、刑刑类四部分，是一卷"资圣治""广圣闻"的"救国"方案。其中不乏切实的民生思想，可以分为"营造善良风俗、净化社会风气""完善社会公共设施""兴办保健卫生、慈善事业""建立公平和谐的安全保障制度"四个方面，下分述之。

1. 营造善良风俗、净化社会风气

太平天国在定都天京后，即大力整顿革除中国传统以来诸多的不良风俗，并试图建立安和乐利的共产社会。洪仁玕在其《资政新篇》中，针对这些提出诸多的方案，在其"风风类"中，主要讲的就是转变社会风气，移风易俗，即树新风、改风俗。

夫所谓以风风之者，谓革之而民不愿，兴之而民不从，其事多属人心蒙昧，习俗所蔽，难以急移者，不得已以风风之，自上化之也。……禁之不成广大之体，民亦未必凛遵；不禁又为败风之渐。惟有在上者以为可耻之行，见则鄙之忽之，遇则怒之挞之，民自厌而去之，是不刑而自化，不禁而自弭矣。①

2. 完善社会公共设施

洪仁轩充分认识到了水陆交通、银行和通讯的重要作用，建议兴车马、舟楫之利，"以利便轻捷为妙"，建银行，设邮亭、书信馆。

兴车马之利，以利便轻捷为妙。……先于二十一省，通二十一条大路，以为全国之脉络，通则国家无病焉。……二十里立一书信馆……因用火用氧用风之力大猛也，虽三四千里之遥，亦可朝发夕至，纵有小寇窃发，岂能漏网乎！兴舟楫之利，以坚固轻便捷巧为妙。或用火用气用力用风，任乎智者自创。……兹有火船气船，一日夜能行二千余里者……甚有裨于国焉。若天国兴此技……要隘可以防患，凶旱水溢可以救荒，国内可保无虞，外国可通和好，利莫大焉。兴银行。倘有百万家财者，先将家赀契式票报入库，然后准颁一百五十万银纸，刻以精细花草，盖以国印图章，或银货相易，或纸银相易，皆准每两取息三厘。……此举大利于商贾士民，出入便于携带……兴邮亭以通朝廷文书，书信馆以通各色家信，新闻馆以报时事常变、物价低昂……邮亭由国而立，余准富民纳饷，禀明而设。……②

---

①　《太平天国文选》，上海人民出版社1956年版，第118—119页。
②　《太平天国文选》，上海人民出版社1956年版，第124—126页。

3. 兴办保健卫生、慈善事业

太平天国向来即重视医疗卫生，定都天京后，已经形成一种正规化的"公医制度"。它可分为朝内（政府组织内）、军中、居民（一般社会民间）三个系统。洪仁玕在《资政新篇》中又具体完善，主张兴设医院以济疾苦，凡医师必须经过几场考试，然后任用。其经费，没收庙宇寺观的产业，以为兴建医院的应用。并由政府奖励，鼓舞人民广设医院。洪仁玕在《资政新篇》中亦提出兴办慈善事业。这方面的具体措施有兴办士民公会、医院、跛盲聋哑院、鳏寡孤独院等。

兴士民公会。富贵善义，仰体天父、天兄好生圣心者，听其甘心乐助，以拯困扶危，并教育等件。……兴医院以济疾苦。系富贵好善，仰体天父、天兄圣心者，题缘而成其举。……禁溺子女。不得已难养者，准无子之人抱为己子，不得作奴视之，或交育婴堂；溺者罪之。兴跛盲聋哑院。有财者自携资斧，无财者善人乐助，请长教以鼓乐书数杂技，不致为废人也。兴鳏寡孤独院。准仁人济施，生则教以诗书各法，死则怜而葬之。……①

4. 建立公平和谐的安全保障制度

洪仁玕在《资政新篇》中还表达了欲建立和谐公平且富公义的社会的设想，这要靠安全保障制度来实现。于是洪仁

---

① 《太平天国文选》，上海人民出版社1956年版，第127—129页。

轩提出要"兴乡官"为民调解，"兴乡兵"保障日常安全，还涉及保险制度、专利保护、监察制度、海关走私和毒品控制等方面。

兴乡官。公义者司其任，以理一乡民情曲直吉凶等事，乡兵听其铺调。兴乡兵。大村多设，小村少设，日间管理各户，洒扫街渠，以免秽毒伤人……兴器皿技艺。有能造精奇利便者，准其自售，他人仿造，罪而罚之。……兴市镇公司。立官严正，以司工商水陆关税。每礼拜呈缴省郡县库存贮，或市镇公务支用，有为己私抽者议法。禁酒及一切生熟黄烟、鸦片。先要禁为官者，渐次严禁在下。绝其栽植之源，遏其航来之路，或于外洋入口之烟，不准过关。走私者杀无赦。[①]

这场打着西方宗教的旗号、轰轰烈烈的农民革命运动，在内部的激烈争斗、外部清政府残酷镇压下最终失败了。但是，太平天国的《天朝田亩制度》则是一种直接倾注了民生的一种制度，它全面、系统地反映了千百年来农民对土地的最基本的诉求；《资政新篇》更是倡导和发展中国的资本主义、指向初始民主主义气息的政纲。因此，太平天国运动对中国最后一个封建皇朝的冲击，其民生思想对孙中山的三民主义之民生主义影响是很大的。

---

① 《太平天国文选》，上海人民出版社 1956 年版，第 125—128 页。

（三） 孙中山的民生思想

民生主义是继民族主义、民权主义之后孙中山提出的三大"革命纲领"之一，是民族主义、民权主义的起点和归宿。孙中山把民生主义作为理想社会，毕生为之奋斗。民生主义希望解决的课题是中国的近代化，使中国由贫弱至富强；同时还包含劳动人民生活福利以及对资本主义社会经济溃疡的批判和由此产生的"对社会主义的同情"。

孙中山的民生主义经历了一个发展的过程，民生主义的主要内容为土地与资本两大问题。"平均地权"——"土地国有"是土地方案。孙中山认为这一方案可以防止垄断，也能使"公家愈富"，从而促进"社会发达"。在有关资本的课题上，孙中山把发展社会经济的途径归结为"节制资本"和发展"国家社会主义"，既可"防资本家垄断之流弊"，又得以"合全国之资力"。

1. "民生主义"

民生主义，既是孙中山为之奋斗的"革命纲领"之一，又是他所构想和追求的理想的社会制度。孙中山揭示了民生主义的各种属性，并明确地把它界定为"社会主义"。

孙中山认为，"民生"二字早已有之，但把"民生"运用于政治经济，则是他的发明。民国初年，孙中山明确"定义"他的民生主义是"国民对于国事发生直接之兴趣""全国人民皆享受其生产之结果"的"一种制度"。它的主要特征是"人民共享",通过人民"共享"社会物产及利用物产所生产的成果,达到经济的平等,由是解决社会问题,"防止富人以其富专制毒害贫民","防止资本家之专制",最终进入"幼有所教,老有所养,分业操作,各得其所"的理想社会。

　　民生主义到底是什么东西呢?……就是以民生为重心。民生就是社会一切活动中的原动力。因为民生不遂,所以社会的文明不能发达、经济组织不能改良和道德退步,以及发生种种不平的事情。……所以社会中的各种变态都是果,民生问题才是因。……所以我们对于共产主义,不但不能说是和民生主义相冲突,并且是一个好朋友,主张民生主义的人应该要细心去研究的。……我们要解决中国的社会问题……就是要全国人民都可以得安乐……我们三民主义的意思,就是民有、民治、民享。这个民有、民治、民享的意思,就是国家是人民所共有,政治是人民所共管,利益是人民所共享。……就是孔子所希望之大同世界。①

　　而针对民生所要解决的问题,孙中山将"衣、食、住"三种需要发展为"衣、食、住、行"四种。

　　民生的需要……照我的研究,应该有四种,于衣食住之外,还有一种就是行。……我们要解决民生问题,不但是要

---

　　① 《孙文选集》上卷,广东人民出版社 2006 年版,第 6345—6355 页。

把这四种需要弄到很便宜，并且要全国的人民都能够享受。……一定要国家来担负这种责任。……至于人民对于国家又是怎么样呢？人民对于国家应该要尽一定的义务……大家都能各尽各的义务，大家自然可以得衣食住行的四种需要。我们研究民生主义，就要解决这四种需要的问题。[①]

2. 平均地权

"平均地权"，是孙中山民生主义两大经济纲领之一。其宗旨在变革旧的土地制度，实现"土地国有"，以避免工商业发达后土地涨价而出现贫富对立的社会问题。

"平均地权"的明确提出，见于 20 世纪初。清光绪二十九年（1903）年初孙中山在越南建立的兴中会分会，入会誓词列有"平均地权"的条文。同年九十月间，孙中山在美国希炉建立的中华革命军的入会誓词，以及在日本东京青山创立的革命军事学校的入学誓词，均列有"平均地权"的内容。在此期间的谈话及书信，也常言及这一主张。光绪三十年（1904），孙中山在修订美国致公堂的章程时，列入"平均地权"的条文。光绪三十一年（1905），孙中山再次把"平均地权"列入党纲，由他主持通过的《中国同盟会总章》明确规定："本会以驱除鞑虏，恢复中华，创建民国，平均地权为宗旨。"

---

① 《孙中山选集》，人民出版社 1981 年版，第 862 页。

清光绪三十四年（1908），孙中山在他亲自修订的《中国同盟会革命方略》里，第一次对"平均地权"的宗旨及具体办法作公开的解释，指出"文明之福址，国民平等以享之。当改良社会经济组织，核定天下地价。其现有之地价，仍属原主所有；其革命后社会改良进步的增价，则归于国家，为国民所共享"。

孙中山推翻了满清统治，建立了民国政权后，即强调应着力于民生主义，并把宣传平均地权作为宣传民生主义的主要内容，指出，平均地权"即为民生主义第一件事，此事做不到，民生主义即不能实行"，又具体设计平均地权的实施方案。民国十三年（1924 年）国共合作，孙中山召开中国国民党第一次全国代表大会，大会《宣言》确定"平均地权"与"节制资本"为民生主义的两个"重要原则"。晚年，孙中山把目光从城市转向农村，多次讲话申述实施"耕者有其田"的必要性，强调"要耕者有其田，才算是彻底的革命"。"平均地权"与"耕者有其田"一起构成孙中山的完整的土地纲领。

孙中山指出土地是"生产之原素""营业之要素"，是一种可"生利"的"财源"，"地为百货之源，物莫不由地生"，在生产中土地、人力、资本（即机器）为"三大要素"，而其中"土地为尤重"，社会财富的创造离不开土地，造成社会经济的不平等最重要的原因便是土地为少数人所操纵。当

"工商业发达"之后，"大资本家必争先恐后，投资于土地投机业"，造成地价暴涨，少数人因垄断土地而获利，平民百姓则遭失业之痛苦。此时，中国难免蹈西方贫富对立的覆辙，最后必然导致社会革命。为防微杜渐，在发展实业进行经济建设之时，必先进行"平均地权"。孙中山认为，实行土地国有，既可杜绝由土地私人占有而出现的"炒地皮风"，防止社会问题的出现，又可以用地价税来增加国家的收入，以发展社会福利。

"平均地权"的具体实施是，"私人所有土地，由地主估价呈报政府，国家就价征税，并于必要时依报价收买之"。即分三步走：第一步"核定地价"。由地主"自由呈报"地价，再由国家将它"载在户籍"，"所报之价即为规定之价"。孙中山以为，地价由地主自报，地主也不敢儿戏，因为价报高了，"纳税不得不重"；税报低了，"国家照价收为国有"，地主同样要吃亏，故"所报地价不患不公平"。第二步，"照价征税"，"涨价归公"。地主报价之后，政府便按照所报的地价征收1%的地价税，并自定价之时起，地价如有上涨，上涨部分"完全归为公有"。土地形式上仍在地主手中，实际上所有权已归国家，土地的增值部分不再为地主私人所有。第三步，必要时"按价收买"。所谓"必要时"指：一是"地主的报价太低"，有损国家的利益，国家不得不照价收购；二是由于经济建设或公益事业的发展，如修筑铁路、公路、开辟市场或其他公共场所等，必需或必经一部分地主的土地，国家"即按照业户税契时之价格"，"给价而收用"。国家既拥有土地的所有权，也拥有土地的最终使用权，只要需要随时可以"照价收购"。

到了晚年，孙中山开始注重民众的力量，并把解决土地问题的目光从城市转向农村，重提"耕者有其田"的主张。他认为"中国自古以来都是以农立国"，"农民就是中国一个极大阶级"。在中国由于"以农立国"的特殊国情，致使农民问题成为革命和经济建设的动力，革命和建设的成功和发展，都有赖于农民问题的解决。孙中山认定，"解决农民的痛苦，归纳是要耕者有其田"，"要耕者有其田，才算是彻底的革命"。

实施"耕者有其田"的具体办法，孙中山初步提出两种方式：一是"授田法"，即国家把可耕土地授给无地的佃农，并向被授田者收取租税；二是"贷田法"，即国家把未开垦的土地长期贷给移民，移民"依实在所费本钱，现款取偿，或分年摊还"。

"耕者有其田"是"平均地权"的补充，二者构成孙中山完整的土地纲领，从城市到农村，从过去到未来。"平均地权"用来解决城市土地问题，着眼于未来，以防患贫富对立；"耕者有其田"用来解决农村的土地问题，针对过去的土地制度使农民备受剥削，目的在清除工商业发展的路障。

3. 节 制 资 本

"节制资本"，是孙中山民生主义两大经济纲领之一，与"平均地权"并列。其宗旨是借助国家力量遏制私人资本的膨胀和垄断，实现资本国有，以避免西方资本主义的弊端。

民国初年，孙中山在宣传民生主义的演讲中都表述了反对私人资本垄断，以及建立国有资本的愿望。民国元年4月初，在南京同盟会会员饯别会上，孙中山说，"一面图国家富强，一面当防资本家垄断之流弊"，"国家一切大实业，如铁路、电气、水道等事务皆归国有，不使一私人独享其利"。民国元年4月16日，在上海南京路同盟会机关的演讲强调，他的民生主义"非反对资本"，而是"反对资本家""少数人占经济之势力，垄断社会之财源"，故要实行"土地及大经营归国有"，社会财富为人民"公有"，民生主义就是"排除少数资本家，使人民共享生产上之自由"。民国八年（1919）在《中国实业如何能发展》一文中，孙中山提出"归国家经营"的具体范围："凡天然之富源，如煤铁、水力、矿油等"；"社会之恩惠，如城市之土地、交通之要点等"；"一切垄断性质之事业"。显然，孙中山主张把一切操纵国计民生的大企业和大事业统统交由国家经营。继而孙中山把这一思想写进党纲。民国十二年（1923）1月发表的《中国国民党党纲》写上"凡国中大规模之实业属于全民，由政府经营管理"，并把它作为实施民生主义，"防止劳资阶级之不平，求社会经济之调节”的重要措施。民国十三年（1924 年）1 月在《中国国民党第一次全国代表大会宣言》中明确提出民生主义最重要的“原则”和“基础”是“平均地权”和“节制资本”，明确地使用“节制资本”的概念，明确了“节制资本”的“要旨”是“使私有资本制度不能操纵国民之生计”。同年，孙中山在广州作“三民主义”演讲，阐明“节制资本”的具体内容包括“发达国家资本”和“节制私人资本”。

“发达国家资本”的“发达”，也就是“制造”，即通过国家权力使大资本归于国家所有。孙中山谈道：“何谓制造国家资本呢？就是发展国家实业是也。”“统一之后，要解决民生问题，一定要发达资本，振兴实业。”孙中山认为，中国没有经过工业革命，大企业和垄断还没有出现，只要在经济建设中把该管的大企业、大实业“由国家管理”，“所得利益归人民”，使国家对“操纵国民的生计”的大资本拥有所有权和经营权，这也便是“发达国家资本”。孙中山明确指出：“铁路、矿山、森林、水利及其他大规模之工商业，应归于全民者，由国家设立机关经营管理之，并得由工人参与一部分之管理权。”后又进一步重申，“凡本国人及外国人之企业，或有独占的性质，或规模过大为私人之力所不能办者，如银行、铁道、航路之属，由国家经营管理之”。

“节制私人资本”，是相对于“发达国家资本”而言，当实行“发达国家资本”之时，也便意味着对私人资本垄断的限制。孙中山谈道："我们主张解决民生问题的方法，不是先提出一种毫不合时用的剧烈办法，再等到实业发达以求适用；是要用一种思患预防的办法来阻止私人的大资本，防备将来社会贫富不均的大毛病。"具体而言，对于私人资本"节制"的范围是铁路、矿山、森林、水利、银行及其他大规模的工商企业。"节制"的办法：一是限制私人资本不得超出一定的范围；二是采取"直接征税"的办法。孙中山"节制私人资本"，仅仅是"节制"，而不是"消灭"。他意识到，在当时的中国，私人资本还有一定的积极作用，因而，在不允许大的私人资本存在的前提下，凡可以委托个人经营，或由个人经营较国家经营更适宜的事情，可任由个人去做，国家给予"奖励"，并"以法律保护"。《实业计划》中，孙中山明确提出："中国实业之开发应分两路进行，一、个人企业，二、国家经营"，即"私人资本"和"国家资本"并存，又提出要从"废止"旧税制、"改良"货币制度、排除"官吏的障碍"以及"利便交通"等方面，采取措施，以"利便"私人资本的发展。

民生主义是孙中山三民主义中最为重要的思想。虽然，从本质上说，它属于资产阶级民主革命性质，但里面却蕴含了社会主义的思想因素。这对旧民主主义革命及以后的新民主主义革命的影响是不可估量的。

二、国民党政府早期的民生实践

在中华民国成立之后，民生主义是孙中山建设民国经济的主要方针。在民国初年，孙中山民生主义的内容构成仍然是"振兴实业"和"平均地权"两个方面。但民生主义的实施过程是随着历史的进程而逐步展开的，在不同的历史时期有不同的重点目标。综观孙中山及其同仁们的民生主义宣传和实践活动，他们在民国初年推行民生主义的主要任务是振兴实业。由于民国初年，中国的资本主义经济尚处于初步发展阶段，加之战争损耗，政权初建，经济凋敝，民生困苦，财政拮据，因此土地问题和垄断资本问题尚未成为当时急需解决的问题，而恢复和发展经济，舒苏民困，缓解财政困难，则是当务之急。正是从这一实际状况出发，孙中山及其同仁们选择了振兴工商实业作为实行民生主义和经济建设的纲领。民国一成立，孙中山就向同仁们提出：民族、民权之目的已达，"惟有民生主义尚未着手，今后吾人所当致力的即在此事"。① 要求全党同志为实现民生主义而努力奋斗。在就任临时大总统不久，他又号召全国各族人民均应"和衷共济，丕

---

① 孙中山：《在南京同盟会饯别会的演说》，《孙中山全集》第 2 卷，中华书局 1982 年版，第 319 页。

兴实业"。① 在辞去临时大总统之后，他曾把全部精力投入实业建设之事，继续把振兴实业作为实行民主、建设民国的切要之途。

孙中山及其同仁们在致力于振兴实业的社会宣传工作的同时，还在其执掌南京临时政府政权的 4 个月中，采取了一些力所能及的富有创新意义的经济复兴措施，以图贯彻其民生主义的振兴实业方针。这些措施主要表现为两个方面：一是创设了新的政府经济管理机构，二是制定和实行了一些复兴和发展国民经济的政策。

（一）创设了新的政府经济管理机构

南京临时政府由于存在时间短暂，来不及设置完整的经济管理机构，但是也建立了一些新的中央和地方的经济管理机构，进一步显示了适应时代要求的改革方向，在清末开始出现的经济管理机构改革的基础上又前进了一步。

南京临时政府所建立的中央政府经济管理机构主要有财政、实业、交通三部。据 1912 年 1 月 30 日公布的《中华民国临时政府中央行政各部及其权限》② 规定，该三部的职责

---

① 《实业部通告汉口商民建筑市场饬文》，《临时政府公报》第 8 号，1912 年 2 月 5 日；《布告国民消融意见蠲除畛域文》，《民立报》1912 年 2 月 20 日。

② 《中华民国临时政府中央行政各部及其权限》，《临时政府公报》第 2 号，1912 年 1 月 30 日。

和机构建制是：财政部，以管理会计、库帑、赋税、公债、钱币、银行、官产等事务为职责，并监督所辖各官署及府县和公共团体的财产；下设会计、库务、钱法、赋税四个司。① 实业部，其职责是管理全国的农、工、商、矿、渔、林、牧、猎等业及度量衡事务；下设农政、工政、商政、矿政四个司。② 交通部，以管理道路、铁路、航路、邮信、电报、船舶、运输、造船、船员为职责；下设邮政、航政、路政、电政四个司。③ 此外，由外交部兼管保护在外商业事务；内务部兼管田土、水利工程事务。财政、实业、交通三个专职实业管理部门的设置和职责类同于清末的度支部、农工商部和邮传部，但在主管官员的选任上则体现了量才录用的原则，较之清末有明显的改变。如所任用财政总长陈锦涛，"曾为清廷订币制，借款于国际，有信用"；④ 选择张謇为实业总长，除了他在实业界有很高的名望和地位之外，还在于通过他向工商界筹措款项，缓解财政困难；以汤寿潜为交通总长，则是因为他曾是清末成效卓著的浙江铁路公司的总理。

---

① 《财政部职员名单》，《临时政府公报》第 43 号，1912 年 3 月 20 日。

② 《实业部职员名单》，《临时政府公报》第 38 号，1912 年 3 月 14 日。

③ 《交通部职员名单》，《临时政府公报》第 52 号，1912 年 3 月 30 日。

④ 《胡汉民自传》，《近代史资料》1981 年第 2 期（总第 45 号），第 56 页。

中央政府还要求各地方政府设立相应的经济管理机构，以便上下统一，推动经济建设。如实业部致电各省政府说："本部司理本国农工、商矿、山林、渔猎及度量衡……今外省官制虽未画一，而各省之实业司，当速行成立，隶属本部"①，要求各省统一设立实业司。尽管各省所设立的经济管理机构，在称谓上与中央政府所要求的并非完全一致，大多都称为部或局，但是在机构设置和功能作用上与中央政府相关各部类同，基本上也分为财政、实业、交通三个部门。如湖北军政府所设的经济管理机构先为财政、交通两局，不久改局为部，并增设实业部，各部负责人均称部长。② 上海军政府（或称沪军都督府）的经济管理机构设置类似于湖北，先设财政、交通两部，后又设农工商务部，各部负责人均称总长。③ 各省政府都先设财政与交通管理机构而后设农工商实业管理机构的现象，大概是因为革命刚刚成功，军事和政权建设与财政和交通的关系较之工商实业更为重要。

针对各地方政府所设各行政管理机构及其负责人的称谓与中央政府相关各部类同，且互不统一的现象，孙中山曾于

① 《实业部通电各省都督设立实业司文》，《临时政府公报》第 8 号，1912 年 2 月 5 日。

② 中国史学会主编：《中国近代史资料丛刊·辛亥革命》（八），上海人民出版社 1981 年版，第 575 页。

③ 上海社会科学院历史研究所编：《辛亥革命在上海资料选辑》，上海人民出版社 1981 年版，第 309、535 页。

1912 年 2 月初命令内务部电告各省都督，要求将"各省都督府所属之行政各部，应拟改称为司，庶使中央各部与地方各部示有区别"，以利消除各省"互相歧异之处"。[1] 于是各省的专门行政机构开始陆续改称为司，渐趋统一，如上海军政府就于 3 月 11 日发出改部为司的通令，将所属各部改称为司。[2]

（二）　复兴和发展国民经济的政策

南京临时政府虽因存在时间短暂而没能形成完整系统的经济政策，但是废除了清政府的一些不合理的经济政策和法规，提出了鼓励发展农工商业的施政纲领和一些实施措施，也颁布了一些保护私人经济利益的法令、条例和章程。从中可以看出，南京临时政府在民国初建的情况下，既面临着许多实际社会经济问题，又需要考虑今后的经济发展策略，集中体现了下面两个方面的经济政策。

一是恢复生产，发展国民经济。南京临时政府一成立，从大总统孙中山到政府各部都把恢复生产、发展经济、保护民生作为主要施政内容之一。孙中山在就任临时大总统的宣

---

① 《大总统令内务部分电各省都督所属行政各部改称为司》，《临时政府公报》第 11 号，1912 年 2 月 9 日。

② 上海社会科学院历史研究所编：《辛亥革命在上海资料选辑》，上海人民出版社 1981 年版，第 305—306 页。

言书中说："此后国家经费取给于民，必期合于理财学理，而尤在改良社会经济组织，使人民知有生之乐。"① 这就明确提出了要以革除清政府的财政经济苛政，建立利国福民的财政经济制度为经济政策的基本原则，并以此为施政纲领之一。1912 年 3 月 13 日又命令内务部通饬各省抓紧安置农民恢复农业生产，如"有耕种之具不给者，公田由地方公款、私田由各田主设法资助"，秋后归还，并强调说："此事为国计民生所系，务当实力体行，不得以虚文塞责。"② 作为经济事务的主管者的实业部，不仅非常重视国计民生，而且开始着手制定经济政策。1912 年 2 月 5 日通电各省指出："实业为民国将来生存命脉，今虽兵战未息，不能不切实经营，已成者当竭力保存，未成者宜事先筹划。"③ 2 月 29 日又发文各省说："战乱之后，小民生计维艰，国家元气未复，若不亟图实业振兴，何以立富国裕民之计。望贵都督确体斯意，饬实业司官关于农工商矿诸要政，凡已经创办者，或急需筹办者，或暂从缓办者，分别详细呈报本部，以便确定经济政策，统筹进

---

① 《临时大总统宣言书》，《临时政府公报》第 1 号，1912 年 1 月 29 日。

② 《大总统令内务部通饬各省慎重农事文》，《临时政府公报》第 37 号，1912 年 3 月 13 日。

③ 《实业部通电各省都督设立实业司文》，《临时政府公报》第 8 号，1912 年 2 月 5 日。

行方法。"①

　　二是鼓励和扶助人民兴办新式实业。孙中山于 1912 年 2 月 2 日在批复实业部通告汉口商民建筑市场文时说："今者东南底定，民国肇基，商务为实业要政之一，亟应恢复，善后各事，尤宜审慎，须立永远之计，毋为权宜之策。"② 三天后又命令内务部参与筹划此事，说："民国政府对于汉口市场兴复问题，提倡补助，自是应有之义"，"内务部于市政土木各事，有统筹全局之责，希即迅速筹画，与该绅商等妥为接洽，务使首义之区，变为模范之市"。③ 实业部在制定《公司注册章程》时，以恤商保商为基本原则，从"注重公司财产，保卫债主权利，上以裕国课之支艰，下以顺商户之吁恳"出发，主张学习西方合理的税收制度，革除清政府的过重税收，减征税额；对独资商号，亦允其同样自由注册。④ 对呈请新办的企业，凡资本有着、规划可行者，无不立予批准，热情鼓励。对创办银行尤为重视，财政部先后拟订了中央、商业、海外汇业、兴农、农业、殖边、惠工、贮蓄等各种银行则例，以

---

　　① 《实业部咨各都督饬实业司详细呈报筹办实业情形文》，《临时政府公报》第 25 号，1912 年 2 月 29 日。

　　② 《实业部通告汉口商民建筑市场文》，《临时政府公报》第 8 号，1912 年 2 月 5 日。

　　③ 《大总统令内务部筹画兴复汉口市场》，《临时政府公报》第 10 号，1912 年 2 月 8 日。

　　④ 《大总统咨参议院提议实业部呈送商业注册章程文》，《临时政府公报》第 29 号，1912 年 3 月 5 日。

此提倡和规范银行的建设和业务，充分利用国内外资金扶助各项实业的发展。[①] 孙中山对财政部的这一举动大加赞赏，批示指出："中国地称膏腴，尤广幅员，而东南之收获不见其丰，西北之荒芜一如其故，此无他，无特别金融机关以为之融通资本故耳。创设（兴农）、农业、殖边等银行，实属方今扼要之图。"[②]

然而，由于近代中国民族资产阶级的软弱性，民国政府未能实现民生主义愿望。国家政权落入封建军阀和官僚的手中，同时外国列强侵占、瓜分中国领土，封建军阀之间的混战，使人民生活更加穷困潦倒。因此，它催生着中国要有一个强劲的政党来实现民生主义的愿望。

---

① 中国第二历史档案馆编：《中华民国档案资料汇编》第 2 辑，凤凰出版社 2010 年版，第 412—455 页。

② 《孙中山全集》，中华书局 1982 年版，第 275 页。

第三章　新民主主义时期的民生

一、新民主主义时期的民生思想

解决民生问题首先要争取民族独立与人民解放。中国共产党从建党之初就旗帜鲜明地确定自身无产阶级政党的性质，把社会主义和共产主义规定为党的奋斗目标，并指出党的基本任务是领导无产阶级进行革命斗争，坚持用革命的手段来实现这个目标。之后，随着共产党规模的壮大、对中国国情和中国社会性质认识的加深，中国共产党越来越深刻地认识到，只有领导广大人民用革命的力量推翻压在人民身上的"三座大山"，真正实现民族独立和人民的解放才是解决中国近代民生问题的唯一出路。

中国只有进到社会主义时代才是真正幸福的时代，但这决不是一朝一夕所能成就的，中国共产党必须根据实际条件做具体的分析。毛泽东根据中国半殖民地半封建的社会性质和当时的国情，认为中华民族和中国人民面临着两大历史任务：一是求得民族独立和人民解放；二是实现国家的繁荣富强和人民的共同富裕。在当时，前一个任务是更为重要的任务，它的解决可以为后一个任务扫清障碍，是后一个任务的前提和保证。所以，毛泽东提出要解决人民的民生问题，中国革命必须实事求是地分"两步走"。第一步，新民主主义的革命，即领导人民通过新民主主义革命改变半殖民地半封建的社会性质，使中国成为一个独立的新民主主义国家。第二步，社会主义的革命，即在新民主主义革命胜利的基础上使革命向前发展，建立一个社会主义社会。这"两步走"的关系十分紧密，民主革命是社会主义革命的必要准备，社会主义革命是民主革命的必然趋势，只有先进行新民主主义革命并取得胜利才能保证社会主义革命的胜利。

（一）建党到大革命时期：领导民众"斗争谋求民生"

解决近代中国民不聊生的困难局面，让老百姓过上好日子是中国共产党创立的出发点。

党的一大就确立了党的根本目标，即实现社会主义、共产主义。以当时中国的特殊国情，党对于进行社会主义革命的时间及实现社会主义、共产主义的具体过程还没有清楚的认识，但是党的一大决策是先进的。确定了这一前进方向，党就能够有足够的信心去发展中国，为从根本上改变中国各族人民生活的状况，为实现远大抱负而艰苦奋斗。

党的二大在系统地分析了当时国际国内形势之后，确认了中国革命的对象，并制定了最低和最高纲领。为了与反动势力斗争到底，坚决执行党的二大的革命理论，党决定同国民党合作。因为当时在中国存在的多种党派中，也只有国民党是比较革命的民主派。中国共产党为了民主革命，与国民党合作，从而想要建立一个全新的中国，进而实现满足广大人民群众对生活需求的愿望。

国民党在全国第一次代表大会中审议通过的《中国国民党第一次全国代表大会宣言》，对三民主义进行了丰富和发展，形成了"新三民主义"。"新三民主义"当时在某种程度上与党和国家的发展一致，因而成为国共合作的共同指导。不仅成为当时社会发展的目标，同时也是广大民众为了独立、自由和富强的指针。

（二）土地革命战争时期：从领导民众"斗争谋求民生"转向"政权保障民生"

在国共十年对峙时期，以毛泽东为代表的中国共产党人把解决民生问题和进行革命相融合，将改善根据地群众的生活、推进有计划的经济发展，当作"工农武装割据"存在和发展的保障。

苏维埃时期党内对发展经济和革命斗争的关系问题的认

识存在两种误区：一种是没有认识到经济建设的重要性，只强调革命斗争，不重视战争环境下的经济建设；另一种是没看到革命战争的中心地位，离开了革命战争谈经济建设。毛泽东逐一作出批评："如果不进行经济建设，革命战争的物质条件就不能有保障，人民在长期的战争中就会感到疲惫。"[①]"这就不是服从战争，而是削弱战争。"[②] 同时指出："忽视革命战争，离开革命战争去进行经济建设，同样是错误的观点。只有在国内战争完结之后，才说得上也才应该说以经济建设为一切任务的中心。""在现在的阶段上，经济建设必须是环绕着革命战争这个中心任务的。" 为此，毛泽东要求苏维埃政权既要 "造成一种热烈的经济建设的空气"，还要 "集中经济力量供给战争，同时极力改良民众的生活"。[③]

党和苏区政府坚持 "关心群众生活，注意工作方法"，将苏维埃工作与革命战争、群众生活完全配合起来。面对苏区困难的民生状况，毛泽东指出："我们是革命战争的领导者、组织者，我们又是群众生活的领导者、组织者。"[④] "一切群众的实际生活问题，都是我们应当注意的问题。"[⑤] "从

---

① 《毛泽东选集》第一卷，人民出版社 1991 年版，第 119—120 页。
② 《毛泽东选集》第一卷，人民出版社 1991 年版，第 120 页。
③ 《毛泽东选集》第一卷，人民出版社 1991 年版，第 123 页。
④ 《毛泽东选集》第一卷，人民出版社 1991 年版，第 139 页。
⑤ 《毛泽东选集》第一卷，人民出版社 1991 年版，第 137 页。

土地、劳动问题，到柴米油盐问题……都应该把它提到自己的议事日程上。"① 在战争环境中，各级基层苏维埃政权的工作方向是朝着最能够接近广大群众，使苏维埃工作与革命战争、群众生活需要配合起来。

1931 年春，毛泽东针对土地革命总结出一条完整的土地革命路线，带动了所有反封建的力量。此外，毛泽东在江西瑞金召开的第二次全国工农兵代表大会上，强调要注重所有民众的现实生活问题，因为只有满足民众的需求，才会得到民众的支持，也才会真正地成为群众生活的领导者，才会得到群众的拥护。

1934 年 1 月，毛泽东在第二届全国工农兵代表大会上专门谈到《关心群众生活，注意工作方法》这一问题，他说："我们对于广大群众的切身利益问题，群众的生活问题，就一点也不能疏忽，一点也不能看轻"②，"一切群众的实际生活问题，都是我们应当注意的问题"。③ 在《我们的经济政策》中规定："对于私人经济，只要不出于政府法律范围之外，不但不加阻止，而且加以提倡和奖励。"④

---

① 《毛泽东选集》第一卷，人民出版社 1991 年版，第 138 页。
② 《毛泽东选集》第一卷，人民出版社 1991 年版，第 136 页。
③ 《毛泽东选集》第一卷，人民出版社 1991 年版，第 137 页。
④ 《毛泽东选集》第一卷，人民出版社 1991 年版，第 133 页。

（三）抗日战争时期：领导民众将"斗争谋求民生"与"政权保障民生"有效结合

抗日战争的爆发，使得民族矛盾上升为最主要的矛盾，但社会中依然有大地主资产阶级与广大人民的矛盾。

周恩来代表中共中央起草的《国共合作宣言》中指出，我们努力的总目标就是取得中华民族的自主与自由。首要的就是要加快准备并组织民族革命，收回失地和恢复领土的完整。而且要满足广大群众幸福生活的愿望，必须要稳定民生，对荒地灾区进行救济，积极促进国防建设，消除人民的苦难和提高人民的生活。

为了确保抗日战争拥有足够的物质基础，中国共产党在进行民族独立革命的同时，还制定了一些积极的政策，以便稳定当时的经济建设，与敌人的经济封锁相抗衡。其中最主要的政策为在中国共产党领导的抗日根据地内进行大生产运动、减租减息和厉行民生政策。陈云也曾说，作为共产党人应积极改善民生，而要确保革命的力量，需先改善民众的生活地位，保证其生活的稳定。

抗战爆发后，针对斗争形势新变化，中共洛川会议决定调整土地政策，"承认农民（雇农包括在内）是抗日与生产的基本力量……实行减租减息，保证农民的人权、政权、地权、财权，借以改善农民的生活"。[1] "由于展开了生产运动，现在我们不但不饿饭，而且军民两方面都吃得很好"，[2] 都做到丰衣足食，大家都欢喜。

1937 年，毛泽东在《抗日救国十大纲领》中提出了 "改良人民生活：改良工人、职员、教员和抗日军人的待遇。优待抗日军人家属。废除苛捐杂税。减租减息。救济失业。调节粮食 '赈济灾荒'" 等主张。

1938 年，毛泽东在《论持久战》中强调："战争的伟力之最深厚的根源，存在于民众之中。"

毛泽东在《新民主主义论》中重申："这个共和国并不没收其他资本主义的私有财产，并不禁止 '不能操纵国民生计' 的资本主义的发展。"

1941 年年底党外人士李鼎铭提出 "精兵简政" 的建议。中共中央也看到："敌后抗日根据地的民力财富一般的说已经很大减弱，因此：'精兵简政'，节省民力，是目前迫切的重要的任务。"[3] 同年，毛泽东提出："共产党是为民族、为人民谋利益的政党，它本身决无私利可图。它应该受人民的监督，而决不应该违背人民的意旨。它的党员应该站在民众之中，

---

[1] 中央档案馆编：《中共中央文件选集》第十三册（一九四一——一九四二），中共中央党校出版社 1991 年版，第 281 页。

[2] 《毛泽东选集》第三卷，人民出版社 1991 年版，第 1018 页。

[3] 《中共中央文件选集》第十三册，中共中央党校出版社 1991 年版，第 264—265 页。

而决不应该站在民众之上。"①

1942 年 12 月，毛泽东在《经济问题与财政问题》中要求共产党员和革命战士都不要讲空话，而必须给人民以看得见的物质福利，因为一切空话都是无用的，只有物质福利才能实在地改善人民的生活状况。为了增加人民群众的经济利益，就必须要恢复和发展生产。

1944 年毛泽东在中共中央警备团追悼张思德的会上提出："我们的共产党和共产党所领导的八路军、新四军，是革命的队伍。我们这个队伍完全是为着解放人民的，是彻底地为人民的利益工作的。"②

（四）解放战争时期：领导民众将"斗争谋求民生"与"政权保障民生"进一步发展

中国共产党为了进一步谋求全中国的解放，推翻国民党统治，从根本上推翻帝国主义、封建主义和官僚主义在中国的统治。

在《抗日战争胜利后的时局和我们的方针》中，毛泽东提出："我们的责任，是向人民负责。每句话，每个行动，每项政策，都要适合人民的利益，如果有了错误，定要改

---

① 《毛泽东选集》第三卷，人民出版社 1991 年版，第 809 页。
② 《毛泽东选集》第三卷，人民出版社 1991 年版，第 1004 页。

正。"① 1945 年，毛泽东在《论联合政府》中把最广大人民群众的最大利益作为共产党人的一切言论行动的最高标准，并把人民的利益置于至高无上的地位，把它和全心全意地为人民服务、向人民负责和向党的领导机关负责的一致性一起并列为共产党人一切言论和行动的出发点。

1937 年 10 月 25 日，毛泽东在和英国记者贝特兰谈话时强调："人民生活的改良是必要的。"②

1949 年 3 月，毛泽东在中共七届二中全会上强调说："在革命胜利以后一个相当长的时期内，还需要尽可能地利用城乡私人资本主义的积极性，以利于国民经济的向前发展。"③

二、新民主主义时期解放区的民生实践

建党到大革命时期，中国共产党尚处于组织初创、身份隐蔽的特殊阶段，其谋求解决民生问题的努力只能通过引导、发动工农和其他社会阶层群众，以"斗争"形式谋求生活改善。

在土地革命战争十年里，中共解决民生问题突出表现为：认识革命战争和经济建设的辩证关系；领导苏区土地革命，

---

① 《毛泽东选集》第四卷，人民出版社 1991 年版，第 1128 页。
② 《毛泽东选集》第二卷，人民出版社 1991 年版，第 376 页。
③ 《毛泽东选集》第四卷，人民出版社 1991 年版，第 1431 页。

发展生产繁荣经济；初步建立民生保障制度，发展苏区民生事业。

党和苏区政府坚持"关心群众生活，注意工作方法"，将苏维埃工作与革命战争、群众生活完全配合起来，先后颁布实施《井冈山土地法》《兴国土地法》，制定土地革命路线，开展土地革命，调动了农民的生产积极性。

要解决群众生活，必须要发展经济。当时苏区经济建设的中心是发展农业生产，发展工业生产，发展对外贸易和发展合作社。面对敌人封锁苏区带来的严峻经济形势，苏区政府突出"农业生产是经济建设工作的第一位"，兼顾发展国营经济、合作社经济与保护私人经济，调剂商品和货币流通，开展苏区和白区内外贸易，逐步实现了苏区经济的活跃和发展。

在当时极为有限的条件下，中央苏区临时政府还通过了《中华苏维埃劳动法》，宣布实行八小时工作制，规定最低限度的工资标准，实行劳动保护、社会保险和国家失业津贴制度，规定工人有监督生产之权等等。

同时，重视教育文化事业的发展。由于苏区地处偏远山区，文化较为落后，人民文化素质普遍偏低。为此，苏区政府大力兴办学校，如苏维埃大学、马克思共产主义大学、红军大学等中央军事政治学校，教行部也兴办了许多教员培训学校，如列宁师范、短期师范、小学教员训练班等。大力兴

办小学教育和社会教育，尤其重视对妇女的扫盲。到 1934 年
1 月，苏区所有的儿童都得以在各乡村兴办的列宁小学、劳
动小学中享受免费的义务教育。此外，职业和技术教育业有
所发展，如职业中学、中央农业学校等。成人教育也蓬勃发
展。扫盲识字运动规模浩大，壮年中的文盲人数大大减少。
据统计，在当时中央苏区的兴国县，学龄儿童总数有 20969
人，进入列宁小学的高达 12806 人，入学比例是 60%。而在
民国政府统治的时期，这一地区入学儿童还不到 10%。该县
参加夜校学生共 15740 人，其中女子就有 10752 人，占总数
的 69%。[①] 妇女从扫盲中得到了初步解放。苏区政府还推动
各级工会、妇女代表会、儿童团等群众团体创办《健康报》
《红色卫生》等医疗卫生知识刊物，提高苏区军民卫生文化
素质，改善生活习惯。

　　为适应战争需要，党和苏区政府开始重视医疗卫生工作。
一方面成立各级卫生组织，创办早期医疗机构；另一方面开
展防疫运动，减少疫病和死亡。自 1931 年以来，先后有中央
红色护校、工农红军军医学校、中央红色医院等医疗教育和
服务机构，尽力为红军和群众治病。1933 年又颁布《卫生运
动纲要》，强调苏区卫生运动是苏维埃战斗任务的一部分，介
绍农村常见疾病来源及防治具体办法，以上措施大大增强了

----

① 参见戴向青等：《中央革命根据地史稿》，上海人民出版社 1986 年
版，第 552—553 页。

苏区军民的体质。

随着抗战时期的到来和抗战形势的发展，各抗日根据地遇到了强大的军事压力和沉重的经济负担。为配合好革命战争这一中心工作，中国共产党不再停留于理论上解决"斗争"和"建设"的关系，而以陕甘宁边区为中心，结合各地具体实际，制定和实施切实可行的民生政策，成效明显。

其一，顺应国内主要矛盾的变化，普遍开展减租减息运动。抗战爆发后，针对斗争形势新变化，1937年8月25日中共中央在陕北洛川会议上，决定以减租减息作为抗日战争时期解决农民问题的基本政策。1942年1月，中国共产党颁布了《中共中央关于抗日根据地土地政策的决定》，指出："实行减租减息，保障农民人权、政权、地权、财权，借以改善农民生活，提高农民抗日与生产积极性；又必须保障地主、富农的人权、政权、地权、财权，借以联合地主阶级一致抗日。"[1] 以陕甘宁边区为例，在减租减息以前，边区地租率高达土地产量的50%—80%，利率多在3至5分左右。1941年5月1日《陕甘宁边区施政纲领》重申："在土地已经分配区域，保证一切取得土地的农民之私有土地制。"[2] 同年12月，

---

[1]　中国人民大学中国革命史教研室编辑：《中国革命史参考资料》第四册，中国人民大学出版社1959年版，第188页。
[2]　中国人民大学中国革命史教研室编辑：《中国革命史参考资料》第四册，中国人民大学出版社1959年版，第113—114页。

边区政府又颁布了《陕甘宁边区土地租佃条例（草案）》，对减租率作了详细的规定：定租的减租率不得低于二五；活租按原租额减 25%—40%，减租后出租人所得最多不得超过收获量的 30%；伙租按原租额减 10%—20%，减租之后出租人所得最多不得超过收获量的 40%；安庄稼[①] 按原租额减10%—20%，减租之后所得最多不得超过收获量的 45%。并规定"民国廿八年底以前欠租一律免交"。[②] 由于具有统战性质的减租减息政策的不断贯彻，既使抗日根据地内阶级矛盾有所缓解，又大大减轻了农民受封建剥削程度，提高了农民抗日和生产的积极性。如陕甘宁边区赤水县 2 区某乡 15 家佃户减租 142.09 石，平均每户减租 9.47 石后，大家生产情绪很高，在 5 天内就翻耕了 1300 多亩秋地，[③] 这种情形在减租地区十分普遍。

其二，广泛开展军民大生产运动，开辟财源，克服困难，缓解民众负担。抗战初期，各抗日根据地主要采取争取外援和休养民力的政策来缓解军需困难和民力不足。抗战进入相

---

① 陕北的租佃中有两种特别的形式：出租人供给土地同时供给工具的，叫作"伙种"；出租人供给土地及全部生产工具，并借给承租人粮食窑洞的，叫作"安庄稼"。

② 《陕甘宁边区革命根据地史料选编辑》第一辑，甘肃人民出版社1981 年版，第 260—261 页。

③ 雷云峰总编：《陕甘宁边区史》（抗日战争时期）下编，西安地图出版社 1994 年版，第 188—189 页。

持阶段后，各根据地外部军事压力和内部经济负担日益严峻。面对形势变化，中共中央认识到斗争已进入更艰苦阶段，财政经济问题的解决，必须提到政治的高度，要求各级机关领导开展生产运动，开辟财源，克服困难，争取战争的胜利。为此，党具体规定了政权基础比较巩固的地区、不巩固的地区和行止无定的部队开展生产的方向和办法，争取做到战斗、生产、学习"三者合一"。在大生产运动中，各根据地坚持农业第一的方针，通过发放农业贷款、调剂劳动力、改良农作物和动员开荒等措施，实现农业增产增收；通过学习先进典型、开展劳模运动和生产大竞赛，尤其是农民还创造出各种劳动生产互助合作形式，有力推动根据地大生产运动的发展，群众生活也有了很大改善。以陕甘宁边区为例。1940 年12 月 11 日颁布了《关于推广棉麻的训令》，提出了对棉农的有关优惠政策。1942 年至 1943 年，边区政府先后颁布了《边区农贷的基本任务和目前实施办法》《陕甘宁边区奖励植棉贷款条例》《陕甘宁边区青苗贷款条例》等促进农业生产。1943 年 10 月，中共中央明确要求各抗日根据地"应以 90%的精力帮助农民增加生产，然后以 10%的精力从农民取得农业税收"。边区政府根据苏维埃时期的经验，对已存在的旧的劳动互助组进行整合，组织了"劳动互助社""义务耕田队""妇女生产组""儿童杂务队"等，取代了旧的组织。这些组织把分散的劳动力组织了起来，提高了农业生产效率。1939

年参加劳动互助社的有 89982 人，参加义务耕田队的有 66347 人，参加儿童杂务队的有 39708 人，总计 249136 人。① 1944 年边区参加劳动互助组的农民达 21 万人，占农村劳动力的 45%。

其三，推行"精兵简政"，节省民力，实现政简民便。随着抗战形势的发展，陕甘宁边区的人口总量大大超出民力负担。为化解这一矛盾，1941 年年底党外人士李鼎铭提出"精兵简政"的建议。中共中央也看到，敌后抗日根据地的民力财富一般地说已经很大减弱，因此，"精兵简政"，节省民力，是当时迫切的重要的任务。根据中共中央指示，各抗日根据地从 1941 年年底到 1943 年年底，坚持"精简上层、充实下层"的方针，兼顾节省和积蓄民力与精简机构和提高效率，分三次开展了"精兵简政"。精简人员多数下移到县区、学校或生产第一线工作，直接缩减了边区政府人财物的支出。仅从民力动员减少来看，如当时的延安县 1941 年动员民力 60025 人，1942 年降为 28493 人，减少了 52.4%；绥德县 1941 年动员民力 74196 人，1942 年仅动员 900 人，减少了 98.8%。由此可见，边区精兵简政成效相当显著。

其四，有条件地发展教育、医疗事业，重视抗灾备荒和社会保障。以陕甘宁为例，革命前"边区是一块文化教育的

_____

① 《抗日战争时期陕甘宁边区财政经济史料摘编》，陕西人民出版社 1981 年版，第 739—740 页。

荒地"，为改变这种局面，边区政府以"普及教育"为中心，"实施民众教育的纲领"，在一定时期内普及最低限度的教育。

1937年9月开始，在全边区迅速掀起了一场轰轰烈烈的扫盲运动。为了适应陕甘宁边区特殊的农村环境、特殊的人群和特殊历史时期，边区主要采取冬学、识字班、夜校、读报组等社会教育组织。1937年，边区就开办了第一期冬学，吸收青壮年男女利用冬闲时间来学习识字，在民众中营造了一种浓厚的识字氛围，文盲数量开始减少，人民团结抗战的意识日益提高。

1939年2月，《陕甘宁边区抗战时期施政纲领》提出"发展民众教育，消灭文盲，提高边区成年人民之民族意识与政治文化水平"；[①] 1940年3月，边区政府颁布《关于开展抗日民主地区的国民教育的指示》，号召边区各级党群、政、部队、学校、民众团体积极行动起来，大办社会教育，当年开办冬学965处，21689人参加；夜校544所，8706人参加；半日校379所，5833人；识字组3580个，23725人参加。全年，总计参加扫盲的群众达59953人。

1941年边区推行新文字扫盲，这一年夜校、半日校、冬

---

① 　参见《陕甘宁边区政权建设》，中共中央党校科研办公室，1985年。

学，加上识字组，接受扫盲教育的群众达 47003 人。[①] 1944
年开始，边区创办的几百块大众黑板报成为推动乡村生产、
卫生、识字、娱乐、传播新闻与改革旧习的有力武器，大大
促进了扫盲工作的开展。仅 1944 至 1945 年，就有读报识字
组 3511 处，有 34179 人参加。此外，边区政府创办了夜校、
半日校等识字组织，到 1944 年 11 月，全边区共有夜校、半
日校 230 处，参加人数总计为 34331 （缺绥德分区六个县夜
校，半日校的统计）。[②]

在卫生事业方面，边区逐步建立药厂、军队和政府医疗
机构，面向基层，为群众服务。同时，边区坚持"预防为主，
治疗为辅"方针，发动群众开展卫生清洁运动，防治疫病，
开展大规模的群众卫生运动。

边区政府深刻认识到根除群众不良卫生习惯和迷信愚昧
思想是提高疾病预防能力的关键一步，所以提出了"预防第
一"的方针。边区政府加大卫生常识的宣传力度，号召群众
自觉同各种不良卫生习惯作斗争，从帮助群众改变各种不良
卫生习惯做起，掀起了一场大规模的全民卫生运动。边区政
府还发动群众打井、修厕所、灭蝇灭虱、喝开水、多吃蔬菜、

---

① 刘宪曾、刘端棻：《陕甘宁边区教育史》，陕西人民出版社 1994 年
版，第 335 页。

② 《陕甘宁边区教育资料·社会教育》，教育科学出版社 1981 年版，
第 473 页。

讲究个人卫生；教育和帮助群众改用科学的方法饲养牲畜，改造圈棚，实行人畜分居；注重环境卫生，倡导在空地种植花草树木，净化空气；以预防"柳拐子"等地方病。在宣传过程中采用口头、板报、描绘、挂图讲解等简单易懂的方式，便于群众理解。

1940 年 6 月，边区政府设立卫生处，各县也相应设置了卫生科，各区设立卫生员，初步建立卫生行政系统。此外，边区政府通过举办形式多样的卫生晚会、卫生宣传周、卫生展览会等活动，使边区人民的健康状况大为改善。

其次，创建医院，培养医务人员，构建边区医疗服务体系。

创建医院，培养医务人员，是发展医疗卫生事业的首要条件。从 1937 年 10 月，创办陕甘宁边区医院开始，边区政府因陋就简，很快建成 11 个医院，有西医 200 余人。一些医院逐步形成一定的规模，如延安的中央医院原只有几孔窑洞和简单的设备，发展到后来的 7 个科室、150 个病床的规模，还可以进行化验和 X 光检查。

抗战时期，边区分别按系统和行业建立了各种类型的医院、医疗站、疗养所，各分区均设有较大卫生院的医疗点，各县设有保健药社和卫生合作社及防疫、妇幼保健等机构，这就大大方便了群众寻医问药。为了方便群众，这些医疗机构还经常组织巡回医疗队下乡给群众看病。这样，边区群众求医条件大为改善，身体素质逐步得到提高。

此外，抗战前期成立的"延安医科大学、陕甘边医药学校等专门学校培养了一大批医务人员，仅中国医科大学在1940年9月至1945年11月的5年间，就举办了13期培训班，培养了数千名医术精湛的医务干部，提高了专业技术人员的医疗水平，为抗战后期大规模开展群众医疗工作奠定了基础。

再次，大力发展中医药事业，鼓励兴办医药合作社。

为解决边区医药匮乏的问题，边区政府推行"中医科学化，西药中国化"，大力发展中医药，提倡中西医结合，达到治病防病的效果，提高人民的健康水平。1940年成立国医研究会，提出要改良中医中药，加强中西医之间的联系，相互帮助，共求进步。在边区政府的指导关怀下，边区先后建起的药铺有390家，保健药社26处，民间中医发展到1080人，[①] 在边区形成了一种中西医紧密合作，共同抵抗疾病死亡和改造巫神，为边区民众健康服务的局面。为了解决医疗机构不足和药品供应困难等问题，边区政府号召民间设立医药合作社，[②] 尤其是利用本地药材生产丰富的条件，建立健康药

---

① 魏彩苹：《从民生视角看抗战时期陕甘宁边区的医疗卫生事业》，《内江师范学院学报》2011年第5期。

② 《陕甘宁边区参议会文献汇辑》，科学出版社1958年版，第221页。

社，不仅弥补了困难条件下的药品不足，又为当地民众增加了收入。

最后，培养助产士、改造旧接生婆，改善妇婴健康状况。

1944 年 4 月 15 日，中共中央西北局决定各分区立即筹办助产训练班，会后，各地纷纷开始举办助产训练班，培养了一批新法接生员。如 1945 年 5 月，白求恩国际和平医院与边区卫生署合办助产训练班，招收学员 45 人，学员在乡下实习期间又创办接生班 6 处，培训接生员 367 人。在边区文教大会后的两年间，在农村开办接生班 64 处，培训接生员、改造旧产婆 826 人，使新法接生在 73% 的地区得以推行。

在社会救助方面，一是建立赈济救灾机构。自 1939 年始，中央结合各根据地灾区实际，制定了《关于救济办法的规定》等，成立救灾总会，领导救灾工作。二是实行政府赈济和群众生产自救相结合的救灾政策。在政府赈济方面，1939 到 1942 年终，陕甘宁边区政府发放救济粮合计 7227.4 石，发放救济款合计 809746.8 元。[①] 各地群众通过普遍创办义仓、粮食合作社等方式，进行群众互济、防灾备荒。三是优待外来难民移民。抗战初期，从山西绥远以及冀晋豫各省流入边区之难民，前后人数达 3 万以上。为此，边区政府制定《优待外来难民和贫民之决定》，以立法的形式来保护难

---

① 宋金寿主编：《抗战时期的陕甘宁边区》，陕西人民出版社 1990 年版，第 406 页。

民的权利；将所辖 7 个县作为难民移民开垦区，奖励垦荒。

从 1938 年开始，边区政府相继颁布了《中央内务部关于救济办法的规定》《陕甘宁边区党委政府关于赈济工作的决定》《中央西北局关于救济灾民的指示》等一系列文件，对边区灾民救济的原则、具体措施、组织领导等做了详尽规定。1944 年中央在总结各根据地经验的基础上，发布建设性指示："关于灾荒问题，应坚决实行生产自救的方针，应提出生产救灾，大家互助，渡过困难，政府以一切方法保证不饿死肯自救的人等口号去动员组织党内外的群众进行生产自救。"[①] 边区政府发动群众解决到达边区的移民难民的基本生活问题。在《陕甘宁边区政府优待外来移民和难民的规定》中规定：移入边区的难民有享受政府分配房屋的优待。1940 年边区政府作出了《优待外来难民和贫民之决定》，开始依法保护移难民的合法权利。

边区政府还陆续制定、颁发了一系列法律法规，对各方面的社会保障做了具体明确的规定。主要包括：《抗日军人优待条例》(1937 年)、《陕甘宁边区抚恤暂行办法》(1940 年)、《陕甘宁边区政府优待外来难民和贫民之决定》(1940 年)、《关于赈济工作的决定》(1940 年)、《陕甘宁边区劳动保护条例（草案）》(1941 年)、《陕甘宁边区战时公营工厂集体合同

---

① 《中共中央文件选集》，中共中央党校出版社 1992 年版，第 14 页。

准则》（1942 年）等。社会保障的资金来源，1940 年 10 月之前主要靠争取外援，1940 年 11 月之后主要靠自力更生、发展生产。边区社会保障无论从内容上还是对象上覆盖都很广，内容涵盖了社会保险、社会救济、社会优抚、社会福利等，保障对象覆盖了工、农、兵、学和公务人员各个方面。

　　社会保险方面，保障对象主要为边区的工人，涉及工伤、失业、医疗、生育等内容。规定："工人或学徒因公受伤，厂方负责医药费、保养费外，应发给原工资至伤愈；致残者得安排轻便工作；丧失工作能力者除发给其本年的平均工资外，享受抚恤；致死者厂方负责埋葬并发给抚恤金。""雇主不得任意辞退雇工，如遇特别情形经雇工工会许可方可辞退，辞退后得发全年工资给雇工。""工人因病医治或住院，医药费由厂方负责，工资视病假长短按比例发给或停发；因病死亡，其家属无力埋葬的，由厂方负责埋葬，并根据医嘱情况发给抚恤金。""妇女产前和产后各享受假期一个月和一个半月，并发生产费 50 元；带有婴儿及怀孕者得减少工作时间"。①

　　在社会优抚方面，优抚对象主要是抗日军烈属、残废退役军人等。按照先贫后富、先抗属后工属、公平合理的原则，从物质上的保障和精神上的安慰两个方面给予优待。例如对于抗工属，在公有土地、房屋、场所、器具、物品分给、借

---

　　①　陕西省总工会工运史研究室编：《陕甘宁边区工人运动史料选编》（上册），工人出版社 1988 年版，第 422—426 页。

用、租赁、售卖与私人时，享受优先；公营事业、公共机关雇佣招收员工时，抗属优先；抗工属子弟入学优先录取；抗工属享受医疗保健优待；公营商店及合作社商品货物，抗属凭证享受优惠；政府或银行农工商业贷款抗属享受优先权……①通过优抚，使他们过上正常的不低于当地一般人民的生活水准，同时受到社会的尊重。

在社会福利方面，主要受益者是儿童、老人和公职人员中的知识分子。就以受益者老人为例，边区民政厅成立了敬老院，规定：凡年满 60 岁以上的革命同志不能服务革命者，抗属老人无法维持生活或有特殊原因者，有功于国家社会的边区老人无法维持生活者，均可入养老院。按其资历由院方负担衣、食、住等，革命退职者仍发津贴，抗属及其他老人每月发津贴若干元，有病者享受免费治疗。根据《陕甘宁边区抗日军人退役及安置暂行办法》，抗日军人中的老弱病残者退役安置享受广泛的福利待遇。包括安置到较富裕的地区，务农者无偿拨给土地，发五个月的细粮，三年免纳公粮；经商者发给 500 元至 1000 元的资本和一个月的口粮，三年内免纳商业税等等。②

---

① 李智勇：《陕甘宁边区政权形态与社会发展（1937—1945）》，中国社会科学出版社 2001 年版，第 131 页。

② 李智勇：《陕甘宁边区政权形态与社会发展（1937—1945）》，中国社会科学出版社 2001 年版，第 132 页。

在解放战争期间，中国共产党关注和解决民众问题体现在开展解放区的民生建设和领导国统区的民生斗争。

首先是及时调整解放区土地政策。中共中央先后发布《关于土地问题的指示》，决定将抗战以来减租减息政策改变为实现"耕者有其田"的政策，通过了《中国土地法大纲》，为全国消灭封建剥削的土地制度提供了一个基本纲领。

其次，新老解放区采取措施发展生产，繁荣经济。农业方面，各解放区通过兴修水利、发放贷款、组织互助组等办法，恢复发展农业生产；工商业方面，政府采取"发展生产，繁荣经济，公私兼顾，劳资两利"的方针，改变抗战以来的萧条状况；财政经济方面，解放区坚持"发展经济、保障供给，统一领导，分散经营，军民兼顾，公私兼顾"等工作原则，开始财经工作向逐步适应战争需要的方向顺利转变。

再次，新解放区城市中保障市民群众的生产生活。针对许多城市解放之初出现的工厂停顿、工人失业生活降低等现象，毛泽东指出，如果我们不能"使一般人民的生活有所改善，那我们就不能维持政权，我们就会站不住脚，我们就会要失败"。① 为保障新解放区城市民众的生活，中共中央总结出"各按系统，自上而下，原封不动，先接后分"的接收方法，在实践中摸索形成具体政策，保障广大市民生产生活不

---

① 《毛泽东选集》第四卷，人民出版社 1991 年版，第 1428 页。

受到大的影响。如中共中央要求新占领城市实行短期的军事管理制度，"保护全体人民的生命财产"。针对城市房屋接收中存在的问题，中共中央 1948 年年底作出《关于城市中公共房产问题的决定》，要求新接收城市的军管会或当地政府成立公共房产管理委员会，"统一管理与分配该城市中的一切公共房屋，不许有任何例外"，"任何机关、团体和个人，均不得私自占用民房"。对于城市民生机构，党和人民政府明确宣布"保护一切公私学校、医院、文化教育机关、体育场所，和其他一切公益事业"。

新民主主义革命时期，中国共产党从弱小到发展壮大，在民生方面也由建党初期提出目标和任务，到在革命根据地和抗日根据地具体制定和实行民生政策、举措，为中国共产党提供了最后夺取政权、建立新中国的民生问题的理论和实践基础。

第四章　新中国成立初期的民生

一、新中国成立初期的民生思想

新中国是建立在一穷二白的基础上的。由于连年的战争，新中国成立初期，我国国民经济受到了严重的破坏，"城镇失业工人从 1949 年到 1951 年年均达四百余万人，失业率高达 20% 以上，失业工人的生活非常困难"。[①] 根据联合国亚太事务委员会的统计，1949 年我国的人均国民收入只有 27 美元，不仅不足印度 57 美元的一半，也远远低于当时整个亚洲 44 美元的人均收入。另外，由于旧中国长期受封建制度和战争等因素的影响，到新中国成立时，全国文盲人口已占总人口的 80%，学龄儿童入学率仅占 20%。也就是说当时中国的 6 亿人口，文盲就占了 4 亿多。经济、就业、教育、社会保障等是摆在以毛泽东为领导的第一代领导集体面前的重要课题。

---

① 刘永富:《中国劳动和社会保障年鉴》，中国劳动社会保障出版社 2001 年版，第 488 页。

在这种背景下，毛泽东坚持"为人民服务"的理念，并从就业、教育、分配、社会保障等方面体现出了符合实际的民生思想。

（一）确立"为人民服务"的民生理念

毛泽东在中国革命和建设实践中，依据马克思主义的群众史观，形成了全心全意为人民服务的思想，并把它确立为党的根本宗旨。

在《为人民服务》一文中，毛泽东从党的思想建设的理论高度，深刻阐明了为人民服务的思想。"对于广大群众的切身利益问题，群众的生活问题，就一点也不能疏忽，一点也不能看轻。"① 在《论联合政府》中，他强调："全心全意地为人民服务，一刻也不脱离群众；一切从人民的利益出发……这些就是我们的出发点。"②

在党的七大开幕词中，他说："我们应该谦虚，谨慎，戒骄，戒躁，全心全意地为中国人民服务。"③ 在七大政治报告《论联合政府》中他强调："全心全意地为人民服务，一刻也不脱离群众；一切从人民的利益出发，而不是从个人或小集

---

① 《毛泽东选集》第一卷，人民出版社 1991 年版，第 136 页。

② 《毛泽东选集》第三卷，人民出版社 1991 年版，第 1094—1095 页。

③ 《毛泽东选集》第三卷，人民出版社 1991 年版，第 1027 页。

团的利益出发；向人民负责和向党的领导机关负责的一致性；这些就是我们的出发点。"① 党的七大把中国共产党人必须具有全心全意为中国人民服务的精神写入了党章。

毛泽东指出："我们是以占全人口百分之九十以上的最广大群众的目前利益和将来利益的统一为出发点的。"②

1957 年，毛泽东发表《关于正确处理人民内部矛盾的问题》，提出了"统筹兼顾，适当安排"的方针。他指出："我们的方针是统筹兼顾、适当安排。无论粮食问题，灾荒问题，就业问题……以及其他各项问题，都要从对全体人民的统筹兼顾这个观点出发，就当时当地的实际可能条件，同各方面的人协商，作出各种适当的安排。"③

在民生实现程度的评判标准上，毛泽东把人民利益的实现程度作为检验民生实现的价值指标和评判标准，指出："人民是最好的鉴定人。"④

（二）重视并着力解决就业问题

1950 年中共七届三中全会上，毛泽东指出："必须认真地进行对于失业工人和失业的知识分子的救济工作，有步骤地

---

① 《毛泽东选集》第三卷，人民出版社 1991 年版，第 1094—1095页。

② 《毛泽东选集》第三卷，人民出版社 1991 年版，第 864 页。

③ 《毛泽东文集》第七卷，人民出版社 1999 年版，第 228 页。

④ 《毛泽东选集》第三卷，人民出版社 1991 年版，第 1038 页。

帮助失业者就业，我们要合理地调整工商业，使工厂开工，解决失业问题并且拿出二十亿斤粮食解决失业工人的吃饭问题，使失业工人拥护我们。"主张实行统包统分的就业政策，"全国六亿人口，我们统统管着。"①

新中国成立后，农村贫困人口大量涌向城市，城市职工队伍迅速扩大，给城市带来了前所未有的就业压力。对如何解决这一问题，毛泽东认为应当实现多样化的就业方式，不拘一格实现就业。他指出："城市青年，或者进学校，或者到农村去，或者到工厂去，或者到边疆去，总要有个安排。对那些全家没有人就业的，还要救济，总以不饿死人为原则。"② 我们提倡知识分子到群众中去，到工厂去，到农村去。并鼓励城市人口到农村就业，毛泽东指出："多余的三分之一甚至更多的劳动力向哪里找出路呢？主要地还是农村。"③ "要使农村的生活水平和城市的生活水平大致一样，或者还好一些。"④ 这样才能吸引城市人口到农村就业，在短时间内解决城市的就业问题。

（三）实行合理的收入分配

毛泽东指出："使农民群众共同富裕起来，穷的要富裕，

---

① 《毛泽东文集》第七卷，人民出版社 1999 年版，第 187 页。
② 《毛泽东文集》第七卷，人民出版社 1999 年版，第 187 页。
③ 《毛泽东文集》第六卷，人民出版社 1999 年版，第 457 页。
④ 《毛泽东文集》第八卷，人民出版社 1999 年版，第 128 页。

所有农民都要富裕，并且富裕的程度要大大地超过现在的富裕农民。"① 毛泽东主张按照马克思主义的"各尽所能，按劳分配"原则，认为按劳分配是社会主义社会的典型特征之一。这种公平的分配方式，将收入差距控制在合理的范围内，杜绝了平均主义和两极分化，既可以激发群众的生产积极性，又可以在全社会范围内逐步实现共同富裕。

1953 年毛泽东在《在中央政治局扩大会议上的讲话》中指出："社会主义经济法则是发展生产，保障需要，这是主要的、基本的，是起领导作用的经济法则。"②

（四）发展文化教育事业，提高人民文化素质

为了让人民在政治翻身的基础上实现在文化上的翻身，扫除文盲对于刚成立的新中国来说无疑是一项十分紧迫的任务。早在 1945 年，毛泽东就明确指出，从 80% 的人口中扫除文盲，是新中国的一项重要工作。

新中国成立后，毛泽东更是及时地提出"恢复和发展人民教育是当前重要任务之一"，③ 要"有步骤地谨慎地进行旧有学校教育事业和旧有社会文化事业的改革工作"，④

---

① 《建国以来重要文献选编》第 7 册，中央文献出版社 1993 年版，第 308 页。
② 《毛泽东文集》第六卷，人民出版社 1999 年版，第 289 页。
③ 转摘自《人民教育》创刊号，1950 年 5 月 1 日。
④ 《中国共产党第七届中央委员会第三次会议上的报告》。

"从百分之八十的人口中扫除文盲，是新中国的一项重要
工作"。①

（五）建立社会保障制度，保障基本民生

毛泽东针对中国的失业、医疗等社会保障核心环节的现
状，提出了一些重要思想。在解决失业问题上，毛泽东指出：
我们要合理地调整工商业，使工厂开工，解决失业问题并且
拿出二十亿斤粮食解决失业工人的吃饭问题，使失业工人拥
护我们。在解决医疗问题上，毛泽东认为，社会在发展，医
疗卫生事业也应该随着社会的发展而不断扩大和加快。于是，
在他的领导下，建立了由公费医疗制度、企业劳保医疗制度
和农村的合作医疗制度等所组成的一整套医疗保险制度。同
时，毛泽东提出了福利的物质利益原则、福利水平与生产力
相适应原则等，并且在其领导下，还建立和形成了庞大的社
会福利体系。

社会救济是社会保障的基本内容，同时也是毛泽东所关
注的社会保障的重要内容之一。在新中国成立的 1949 年，面
对着 1.2 亿亩耕地和 4000 万人民受到的轻重不同的水灾、旱
灾和广大的失业群体，毛泽东指出："必须认真地进行对于失
业工人和失业知识分子的救济工作，有步骤地帮助失业者就

---

① 《毛泽东选集》第三卷，人民出版社 1991 年版，第 1083 页。

业，必须继续认真地进行对于灾民的救济工作。"①

1965 年 6 月 26 日，毛泽东针对农村医疗卫生的落后面貌提出"六二六"指示，指示卫生部"医疗卫生工作应该把主要人力、物力放在一些常见病、多发病、普遍存在的病的预防和医治上。城市里的医院应该留下一些毕业一二年、本事不大的医生，其余的都到农村去，把医疗卫生工作的重点放到农村去"。②

二、新中国成立初期的民生实践

新中国成立之初，国际国内的总体形势较好，同时也有严重困难。经过帝国主义的长期压榨，国民党和官僚资本的肆意掠夺和剥削及战争的长期破坏，致使原本就落后的国民经济更加千疮百孔。

新中国成立时的生产生活设施在经过十余年战争的蹂躏后，遭到了严重的破坏。新中国成立初期，全国的工矿业的机器设备被破坏的支离破碎，整个工矿业处于全面崩溃状态。据粗略统计，"1949 年原煤产量由 6188 万吨减到 3243 万吨，

① 《建国以来毛泽东文稿》第一册，中央文献出版社 1987 年版，第395 页。

② 《建国以来毛泽东文稿》第十一册，中央文献出版社 1996 年版，第 387 页。

降低 47.6%；钢由 92 万吨减到 15 万吨，降低 62.6%；棉纱由 245 万件减到 180 万件，降低 26%。"[1]

新中国成立后各帝国主义对中国进行经济封锁，并对中国重大的经济重心进行摧毁，大多数的生产设施遭到损坏，原材料的进口也发生困难，致使企业不能进行工作，增加了生产生活设施的破坏度。1949 年灾害频繁，各地又不同程度地发生了冰雹、水灾。全国有大量的耕地遭到了破坏，上千万的人民流离失所。多年兵匪的侵扰加上天灾的摧残，灾区内多数地方都缺种、缺粮、缺耕牛，致使粮食减产严重。

民族工商业步履维艰，物价上涨。新中国成立初期，由于中国财政入不敷出、物资与原材料供应不足，导致物价飞快的增长。大量的投机商人利用国家的经济困难，囤积了大量的物资如粮食、棉布等，并哄抬物价，从中牟取暴利，使得广大的人民群众遭受了巨大的经济损失。

在新中国成立初期，水旱天灾相当严重，全国有 1.2 亿亩耕地、4000 万人受灾，这也使得农民的生活雪上加霜。此外，由于地主的残酷剥削，水利设施长期失修，受自然灾害影响严重，有些地方经常遭受水灾，或者是经常发生旱灾，加上技术落后，农业生产水平低下，在 1949 年我们的粮食产量更加低下，农民经常一年劳作只得半年粮。甚至有些地方

---

① 柳随年、吴群敢：《中国社会主义经济简史（1949—1983）》，黑龙江人民出版社 1985 年版，第 15 页。

的农民只能吃草根度日，更别提购买其他的日用百货商品了。

新中国成立初期的医疗卫生事业在很大程度上满足不了民众对于健康的需求。当时，威胁人民生命与健康的各种疫病广泛流行，致使人口死亡率较高，人的平均寿命较短。由于战争的祸乱，科学卫生知识尚未普及，致使许多疾病的发生未能及时地给予治理。而且当时的医疗卫生条件也较差，医疗设备也紧缺，使得医疗机构与医生数量远远不能满足民众的需求。

（一）进行土地改革，解决了民生发展的重要问题

土地问题是中国共产党解决和发展民生必须要解决的首要问题。如前所述，中国共产党自成立以来就十分重视为农民解决土地问题。新中国成立前夕，共产党已在东北、华北等老解放区基本完成土地改革，消灭了封建剥削制度，但新解放区还没有进行土地改革。

新中国成立后，第一届中国人民政治协商会议通过了《中国人民政治协商会议共同纲领》，其规定我国要有步骤地将封建的土地所有制改变为农民的土地所有制。

1950 年 6 月 28 日，中央人民政府委员会第八次会议通过了《中华人民共和国土地改革法》，规定废除地主阶级封建剥削的土地所有制，实行农民的土地所有制，借以解放农村生产力，发展农业生产，为新中国的工业化开辟道路。

　　1950 年冬天，在中国共产党领导下，全国开始了大规模的土地改革运动，在 3 亿多人口的新解放区分期分批地、有计划、有领导、有秩序地开展了土地改革运动。到 1953 年春，全国除一部分少数民族地区外，基本上完成了土地改革。这次土地改革彻底摧毁了封建剥削制度，解决了民生发展的重要问题，消灭了地主阶级，农民翻身做了土地的主人，极大地解放了农村的生产力，提高了农民的生活水平。

（二）恢复经济发展，提供民生发展的物质保障

　　首先，整顿金融秩序，稳定物价水平。新中国成立后，面对国家财政入不敷出、通货膨胀、物价飞涨的严重局面，在陈云同志的带领下，中央政府开展了稳定物价的斗争，通过打击金融投机资本和商品投机资本，加强金融与市场的管理，解除了几十年来因物价飞涨给人民群众带来的痛苦生活。节约开支，整顿收入，通过统一全国财政收支、统一全国物资调度、统一全国现金管理等措施，统一了全国财政经济工作，平衡了物资的供求，初步建立起集中统一的国家财政管理体制，有利于党和政府统一调度全国的财力、物力，集中力量办好大事。

　　其次，恢复和发展生产，建立比较独立的工业体系。党中央于 1953 年 9 月向全国公布了过渡时期总路线：从新中国成立到社会主义改造基本完成，这是一个过渡时期。党在这

个时期的总路线和总任务是要在一个相当长的时期内，逐步实现国家的社会主义工业化，并逐步实现国家对农业、手工业和资本主义工商业的社会主义改造。在"三大改造"完成后，党中央果断地把全党工作的根本任务由解放生产力转移到保护和发展生产力上来。党的八大又明确提出社会主义主要矛盾是人民日益增长的物质文化需要同当前生产力落后之间的矛盾，强调要大力发展社会生产力，实现国家工业化，逐步满足人民日益增长的物质和文化需要等。从 1961 年至 1966 年，由于采取了一系列的经济措施，全面贯彻"调整、巩固、充实、提高"的方针，还对政治关系进行了调整。至 1965 年，经过五年的调整，我国经济得到进一步的恢复和发展，农轻重比例关系得到调整，积累与消费比例协调。在此基础上，市场供应得到改善，财政收支趋于平衡，全国物价稳定，市场繁荣，人们生活水平得到了较为稳定的提高。经过二十多年的艰苦努力，至 1978 年，我国已经在一穷二白的基础上，建立起比较独立和完整的工业体系。同时，在原子弹、氢弹、导弹和人造地球卫星等方面也取得了巨大的科技成就。

（三）颁布系列法律法规，奠定了民生法律基础

1949 年 9 月 29 日，中国人民政治协商会议第一届全体会议通过了《中国人民政治协商会议共同纲领》，宣布中华人

民共和国是人民民主主义的国家，实行工人阶级领导的、以工农联盟为基础的、团结各民主阶级和国内各民族的人民民主专政，国家政权属于人民。这部作为临时宪法起作用的纲领为后来宪法的订立奠定了基础。

1950年5月1日，公布《中华人民共和国婚姻法》，是为新中国第一部婚姻法，内容以调整婚姻关系为主，同时涉及家庭关系方面的各种重要问题。其明确规定废除强迫包办婚姻、男尊女卑、漠视子女权利的封建婚姻制度。实行男女婚姻自由、一夫一妻、男女平等、保护妇女和子女权益的新民主主义婚姻家庭制度。《中华人民共和国婚姻法》的颁布保护了妇女的权益，提高了妇女的地位，使广大人民群众从旧制度的婚姻家庭生活中解放了出来。

1950年6月28日，中央人民政府委员会第八次会议通过《中华人民共和国土地改革法》，废除了地主阶级封建剥削的土地所有制，保障了农民根本的利益。

1950年6月29日，中央人民政府颁布《中华人民共和国工会法》，对工会的性质、权利与责任、基层组织、经费等作出规定，维护了工人阶级的切身利益。

1951年2月26日，颁布了《中华人民共和国劳动保险条例》，并经过1953年、1956年两次修订，全面确立了适用于中国城镇职工的劳动保险制度。宪法和这些法律的颁布，填补了新中国法律的空白，中国人民从此过上了有法可依的生活。

1954 年 9 月 20 日，第一届全国人民代表大会第一次会议上通过了中国第一部宪法——《中华人民共和国宪法》。

（四）　重视并着力解决就业问题

在中共七届三中全会上，提出实行统包统分的就业政策，实现就业方式的多样化。

一是本着自愿原则，组织和鼓励农村人口还乡生产。政府发放《职工还乡生产证书》，并给予还乡人员差旅费和一定数量的生产救济金。回到农村的失业人员还将得到政府的帮助，使他们能够适应并从事农业生产。

二是主张以工代赈的方式实现就业。受赈者参加由政府投资的基础设施建设，以此来获得劳动报酬，取代直接救济的扶持方式。这种以务工代替赈济的方式，可以让失业人员得到工作，解决就业问题，并能树立其自给自足的自信心，还能为国家建设贡献力量。

三是失业人员依据各地工商业情况和人民需要，实施生产自救。生产自救主要以建立集中生产自救单位为主，如农场、手工业工厂和作坊。经失业工人救济处审查批准后，生产自救单位还可以获得一定数量的补助资金。通过组织生产自救，让失业人员依据自身特点，发挥集体优势，自食其力。

（五）重视文化教育事业，提高人民的文化素养

以毛泽东为核心的中国共产党第一代领导集体十分关心人民群众的文化精神生活和教育事业。新中国成立后，我们党和政府提出了恢复和发展人民的文化教育事业的要求。

1951 年 10 月，政务院颁布新中国成立以来的第一个《关于改革学制的决定》，对各级各类学校教育制度进行改革，促进不同程度的学校相互衔接。

1954 年颁布的《宪法》中第九十四条规定"中华人民共和国公民有受教育的权利"。国家设立并逐步扩大各种学校和其他文化教育机关。

1956 年，毛泽东提出了"百花齐放、百家争鸣"的方针，要求艺术问题上百花齐放，学术问题上百家争鸣。之后，宣传部部长陆定一向自然科学家、社会科学家、医学家、文学家和艺术家们系统地阐述了党的"双百"方针，在文艺界和科学界都引起了强烈的反响，文艺界和学术界都展现出一幅活跃而繁荣的景象。针对广大人民群众文化水平低下的情况，新中国刚成立，党和政府就利用有限的财力创办了一批人民大学和大量的速成中学，通过大规模的识字教育扫除文盲。

1956 年 3 月 29 日，中共中央、国务院还颁布了《关于扫除文盲的决定》。通过识字班、速成班的学习，许多目不识丁

的群众掌握了最基础的文化知识，特别是深受重男轻女封建
思想毒害而无法读书的女性群众，经过扫盲学会了读书识字。
到 1957 年上半年，全国文盲中已有 2200 万人脱盲，并已有
160 万人达到高小和初中毕业文化程度，扫盲运动取得了很
大成绩。

　　1958 年 2 月底 3 月初，教育部、团中央、全国总工会、
全国妇联、全国扫除文盲协会召开扫盲先进单位代表会。会
议向全国发出 5 年内基本上扫除全国青壮年文盲的倡议。

　　1960 年 5 月 11 日，中共中央发布了《关于推广注音识字
的指示》，于是全国各地迅速掀起了一个"学万荣、赶万荣"
的注音识字运动高潮。到 1964 年为止，全国 15 岁以上人口
的文盲率已经由新中国成立初期的 80% 下降到 52%，1 亿多
人摘除了文盲的帽子。同时，还进行了教育、教学改革，举
办工农业余教育，实行教育和生产劳动相结合，从而奠定了
我国社会主义教育事业发展的基础。

（六）积极发展医疗卫生事业，保障人民健康

　　新中国成立后，中国共产党提出了"面向工农兵、预防
为主、团结中西医、卫生工作与群众运动相结合"的医疗卫
生工作方针，努力改变广大农村医疗卫生服务极度落后的状
况，积极地预防和医治人民的疾病。

　　20 世纪 50 年代，全国各地农村逐渐开始设置医疗卫生

单位。

1965 年毛泽东"六二六讲话"后，提出"把医疗卫生工作的重点放到农村去"，大批大医院的医务工作者下到农村，全国兴起了一个建设农村卫生服务网络的高潮，农村的医疗状况得到很大的提高。

（七）　建立社会保障制度

毛泽东根据中国社会主义建设的实际，初步确立了社会保障在社会主义建设时期的基本内容，包括社会保险、社会救济、社会福利、社会优抚等。

1950 年 6 月 17 日，劳动部颁发《救济失业工人暂行办法》，本着减轻失业工人生活困难并帮助其逐渐实现就业的原则，明确救济范围，向特别困难的失业人员发放救济金。

1951 年 2 月 26 日，中央人民政府政务院颁布《中华人民共和国劳动保险条例》，根据此条例，企业需为本单位职工缴纳保险金，职工每月领取应得的劳动保险费。

1954 年《宪法》第九十三条规定："中华人民共和国劳动者在年老、疾病或者丧失劳动能力的时候，有获得物质帮助的权利。国家举办社会保险、社会救济和群众卫生事业，并且逐步扩大这些设施，以保证劳动者享受这种权利。"①

----

① 《中华人民共和国宪法》，人民出版社 1954 年版，第 27 页。

1956 年，在"三大改造"完成后，农村集体经济已完全确立，高级农业合作社在农村普遍建立，使农村社会救济工作的大范围展开成为可能。

1958 年人民公社化以后，对于全年的收入不能满足家庭基本生存需要的，可以给予一定的工分补助、粮食补助和现金补助。若公社没有能力补助本社困难社员，则所需补助由国家承担。"据统计，从 1955 至 1978 年 20 余年间，国家为农村贫困户提供的社会救济款达 22 亿元，这些救济款为农村贫困户的生活提供了最基本的保障。"①

1962 年 9 月，中共八届十中全会颁布的《农业六十六条》，进一步把救济农村贫困人口以人民公社的基本任务固定下来。

1965 年湖北省制定《关于加强合作医疗若干问题的规定》，试行合作医疗制度，收到良好效果。随后在全国范围内推广实施，积极推动了农村医疗卫生事业的发展，改善农民身体状况。"到了二十世纪七十年代末，全国约有 90% 的行政村实行了合作医疗。"② 1952—1982 年的 30 年间，中国人均预期寿命从 35 岁提高到 68 岁，婴儿死亡率从 25% 降低到

---

① 崔乃夫：《当代中国的民政》（下），当代中国出版社 1994 年版，第 85— 86 页。

② 武力：《解决三农问题之路——中国共产党三农政策史》，中国经济出版社 2004 年版，第 667 页。

4%，疟疾的发病率从 5.5%降低到 0.3%。[①]

在毛泽东和中国共产党第一代领导集体的领导下，中国从半封建半殖民地及长年的战争创伤中走出来，建立起新中国，并且在短短十来年的时间内，相比于旧中国来说，初步建成了人民安居乐业、国力得到发展的社会主义中国。这不能不说与我党在新中国成立初期制定的正确的政策和实行的符合实际的举措分不开的。虽然，后来我们的政策有失误，影响了民生的发展，但不可否认的是从总体上来说，前十多年的建设为尔后的改革开放、实现中华民族的腾飞，打下了一定的经济基础。

---

①　胡鞍钢:《透视 SARS：健康与发展》，清华大学出版社 2003 年版，第 183 页。

第五章 改革开放后的民生

关注民生、改善民生、重视民生、保障民生，是建设中国特色社会主义的本质要求。改革开放后，我国新一代领导人在总结经验的同时，提出了独具特色的理论，并积极实践，进一步促进了我国的民生发展。

一、改革开放后的民生思想

（一）邓小平的民生思想

毛泽东在 1956 年社会主义改造完成后对如何建设社会主义进行了思考和探索，但是由于当时国内外等多种因素的影响并没有达到预期的目标。在生产关系的变革上，一定程度地忽视了生产力发展水平去追求生产关系的"一大、二公、三高、四纯"；毛泽东在他的晚年错误地发动了"文化大革命"，十年动乱严重地破坏了我国的国民经济，社会生产力发展缓慢，人民生活没有得到很大的改善。而 20 世纪的七八十年代，世界社会主义运动由于忽视民生建设也惨遭严重挫折。

邓小平在总结其他国家和我国社会主义建设的经验教训基础上，深刻地认识到解决民生是改革开放和中国特色社会主义建设的突破口。只有改变传统的社会主义建设模式，才能坚持和发展社会主义，从制度和体制上为改善民生创造条件。

邓小平的民生思想经历了萌芽（1956年党的八大到"文化大革命"前）、初步形成（1975年邓小平主持中央日常工作到1978年年底十一届三中全会的召开）、成熟（1978年年底十一届三中全会召开到1987年党的十三大）和完善（党的十三大到南方谈话）四个时期。其民生思想是以社会主义本质论为改善民生的根本依据，以改革开放为改善民生的内在动力，以共同富裕为发展民生的奋斗目标。邓小平民生思想的具体内容可以分为以下几个方面：

1. 发展生产力，从根本上解决民生问题

邓小平正视我国生产力发展落后的现状，指出我国发展的紧迫任务是发展社会生产力。邓小平坚持马克思主义唯物史观，认为只有解放生产力、发展生产力才能从根本上解决民生问题。他在很早就提出："发展生产力是社会主义的根本任务。发展才是硬道理。"[①] 1978年3月18日邓小平在《全国科学大会开幕式的讲话》中提到："在无产阶级专政的条件下，不搞现代化，科学技术水平不提高，社会生产力不发达，

---

① 　中央财经领导小组办公室：《邓小平经济理论学习纲要》，人民出版社1997年版，第8页。

国家的实力得不到加强，人民的物质文化生活得不到改善，那末，我们的社会主义政治制度和经济制度就不能充分巩固，我们国家的安全就没有可靠的保障。"① 1978 年 9 月邓小平在《高举毛泽东思想旗帜，坚持实事求是的原则》中谈道："按照历史唯物主义的观点来讲，正确的政治领导的成果，归根结底要表现在社会生产力的发展上，人民物质文化生活的改善上。……我们一定要根据现在的有利条件加速发展生产力，使人民的物质生活好一些，使人民的文化生活、精神面貌好一些。"② "我们的生产力发展水平很低，远远不能满足人民和国家的需要，这就是我们目前时期的主要矛盾，解决这个主要矛盾就是我们的中心任务。"③ 他还谈道："我们革命的目的就是解放生产力，发展生产力。离开了生产力的发展、国家的富强、人民生活的改善，革命就是空的。"④

邓小平一再强调要解放和发展生产力，坚持以经济建设为中心。他说："现在要横下心来，除了爆发大规模战争外，就要始终如一地、贯彻始终地搞这件事，一切围绕着这件事，不受任何干扰。"⑤ "中国解决所有问题的关键是要靠自己的

---

① 《邓小平文选》第二卷，人民出版社 1994 年版，第 86 页。
② 《邓小平文选》第二卷，人民出版社 1994 年版，第 128 页。
③ 《邓小平文选》第二卷，人民出版社 1994 年版，第 182 页。
④ 《邓小平文选》第二卷，人民出版社 1994 年版，第 231 页。
⑤ 《邓小平文选》第二卷，人民出版社 1994 年版，第 249 页。

发展。"① 生产发展才能为人民生活的改善奠定必要的物质基础。

邓小平在强调解放生产力、发展生产力的必要性之后，同时指出应当变革束缚生产力的生产关系。"要发展生产力，经济体制改革是必由之路。"② 邓小平在 1992 年南方谈话中明确指出："社会主义基本制度确立以后，还要从根本上改变束缚生产力发展的经济体制，建立起充满生机和活力的社会主义经济体制，促进生产力的发展。"③

2. 解决农村问题

邓小平一再强调："从中国的实际出发，我们首先解决农村问题。"④ 而农村问题中，要把解决我国众多人口的吃饭和脱贫问题摆在首位。"一是农业，主要是粮食问题。农业上如果有一个曲折，三五年转不过来。粗略估计一下，到二〇〇〇年，以十二亿人口每人八百斤计算，粮食年产量要达到九千六百亿斤。从现在起，每年要增产一百多亿斤才能达到这个目标。但是，现在粮食增长较慢。有位专家说，农田基本建设投资少，农业生产水平降低，中国农业将进入新的徘徊时期。这是值得注意的。我们从宏观上管理经济，应该把农

① 《邓小平文选》第三卷，人民出版社 1993 年版，第 265 页。
② 《邓小平文选》第三卷，人民出版社 1993 年版，第 138 页。
③ 《邓小平文选》第三卷，人民出版社 1993 年版，第 370 页。
④ 《邓小平文选》第三卷，人民出版社 1993 年版，第 65 页。

业放到一个恰当位置上，总的目标始终不要离开本世纪末达到年产九千六百亿斤粮食的盘子。要避免过几年又出现大量进口粮食的局面，如果那样，将会影响我们经济发展的速度。"①

邓小平认为农业问题的重要性还在于关系到全国人民摆脱贫困的问题。他指出："对内经济搞活，首先从农村着手。中国有百分之八十的人口在农村。中国社会是不是安全，中国经济能不能发展，首先要看农村能不能发展，农民生活是不是好起来。"② 他还说："农民没有摆脱贫困，就是我国没有摆脱贫困。"③

1984 年 6 月 30 日，邓小平在会见第二次中日民间人士会议日方委员会代表团时也一再强调农村就业问题的重要性："从中国的实际出发，我们首先解决农村问题。中国有百分之八十的人口住在农村，中国稳定不稳定首先要看这百分之八十稳定不稳定。城市搞得再漂亮，没有农村这一稳定的基础是不行的。"④

3. 先富带后富，逐步实现共同富裕

1978 年中共十一届三中全会后，我国彻底打破了单一公

---

① 《邓小平文选》第三卷，人民出版社 1993 年版，第 159 页。
② 《邓小平文选》第三卷，人民出版社 1993 年版，第 77—78 页。
③ 《邓小平文选》第三卷，人民出版社 1993 年版，第 237 页。
④ 《邓小平文选》第三卷，人民出版社 1993 年版，第 65 页。

有制经济体制，允许多种经济成分共同参与。基于我国当时政治、经济、文化、社会等各方面水平较低的社会现状，邓小平在会上指出："在经济政策上，我认为要允许一部分地区、一部分企业、一部分工人农民，由于辛勤努力成绩大而收入先多一些，生活先好起来。一部分人生活先好起来，就必然产生极大的示范力量，影响左邻右舍，带动其他地区、其他单位的人们向他们学习。这样，就会使整个国民经济不断地波浪式地向前发展，使全国各族人民都能比较快地富裕起来。"① 邓小平强调，先富不是目的，只是改善民生的一种手段，最终的目的是实现共同富裕，满足广大人民群众的物质和文化的需要，解决人民的民生问题。1986 年，邓小平在《拿事实来说话》中指出："我们的政策是让一部分人、一部分地区先富起来，以带动和帮助落后的地区，先进地区帮助落后地区是一个义务。我们坚持走社会主义道路，根本目标是实现共同富裕。"② 邓小平的"共富"思想，是他的民生思想的精髓，切切实实地体现了他关心百姓疾苦，重视人民权益的思想。

4. 积极促进就业

就业是民生之本。邓小平提出用经济发展来解决就业问题："解决就业问题，还不是经济的办法？这是用经济政策来

---

① 《邓小平文选》第二卷，人民出版社 1994 年版，第 152 页。
② 《邓小平文选》第三卷，人民出版社 1993 年版，第 155 页。

解决政治问题。解决这类问题，要想得宽一点，政策上应该灵活一点。总之，要用经济办法解决政治问题、社会问题。要广开门路，多想办法，千方百计，解决问题。"①

一方面要统筹兼顾。邓小平根据我国人口多，自然资源短缺的基本国情，首先提出了统筹兼顾，解决就业问题的总政策。他强调："不统筹兼顾，我们就会长期面对着一个就业不充分的社会问题。"② 他所说的统筹兼顾，涉及城乡就业，统筹兼顾就业与经济、就业与技术选择、就业与教育的关系等等。关于就业与经济关系，他认为充分就业是经济发展的必要条件，经济发展是充分就业的根本途径。他说："在生产还不够发展的条件下，吃饭、教育和就业就都成为严重的问题。"③ 关于就业与现代化生产，他认为必须兼顾现代化生产需要劳动力少与我国人口众多的方面，一方面科学技术是第一生产力，应广泛采用先进技术，发展技术密集型产业，促进产业结构升级优化；另一方面要选择适用技术发展劳动密集型产业，尤其是能吸纳大量劳动力的服务业。他说："世界变化的结果，生产越发展，直接从事生产的人越少，从事服务业的人越多。服务行业很多，如种子公司、建筑、修理等，

---

① 《邓小平文选》第二卷，人民出版社 1994 年版，第 195—196 页。
② 《邓小平文选》第二卷，人民出版社 1994 年版，第 164 页。
③ 《邓小平文选》第二卷，人民出版社 1994 年版，第 164 页。

这说明可以有许多办法安置劳动力。"① 关于教育与就业关系，他认为应统筹教育规划和国家劳动计划，切实考虑劳动就业发展的需要。关于城乡劳动就业统筹问题，面对城镇就业形势严峻和农村改革后出现大量富余劳动力的双重压力，他认为应在农村大力发展多种经营，发展乡镇企业。他说："乡镇企业的发展，主要是工业，还包括其他行业，解决了占农村剩余劳动力百分之五十的人的出路问题。农民不往城市跑，而是建设大批小型新型乡镇。"②

另一方面，要开拓新的多种经济形式促进就业。邓小平在《中共中央工作会议上的讲话》中说：继续扩大就业面，主要是通过各种形式的集体经济和个体经济，尽可能为失业人士安排。要加快中小企业、新企业的建设，还要建立必要的大型企业。争取让小型和中小型企业的管理水平提高更快，效率更高。

5. 发展教育

坚持教育优先思想。1977 年 8 月，邓小平强调"我们国家要赶上世界先进水平，从何着手呢？我想，要从科学和教育着手"③。邓小平首次把教育放在提高综合国力和实现现代化的关键点上，充分认识到教育的重要性。1982 年，邓小平

---

①　《邓小平文选》第二卷，人民出版社 1994 年版，第 130 页。
②　《邓小平文选》第三卷，人民出版社 1993 年版，第 238 页。
③　《邓小平文选》第二卷，人民出版社 1994 年版，第 48 页。

强调："战略重点，一是农业，二是能源和交通，三是教育和科学。搞好教育和科学工作，我看这是关键。"① 邓小平把教育和科学放在国家战略的首位，优于农业和能源交通业的基础性地位，凸显了教育和科技对国民经济的先导性作用。1988年，邓小平指出："我们要千方百计，在别的方面忍耐一些，甚至于牺牲一点速度，把教育问题解决好。"② 体现了邓小平教育先行的思想，奠定了教育事业的先导性地位，顺应了国家长远发展的需要。同时，落实教育与产业相结合的教育方针，实现教育与经济的协同发展。

教育要面向现代化，面向世界，面向未来。1983年中秋节，邓小平为景山学校题词"教育要面向现代化，面向世界，面向未来"③。"三个面向"体现了邓小平教育改革的总体战略思想，强调教育必须要立足现代社会，以满足社会主义现代化建设需要为培养目标，并提高教育资源的现代化水平；积极开展国际交流，有选择地借鉴国外的教育经验，逐步实现与国际接轨的教育模式；坚持发展超前教育，为未来社会发展打好基础。"三个面向"从长远和全局的高度规划了我国教育体制改革的方向，是对中国特色社会主义教育理论和实践的新探索。

---

① 《邓小平文选》第三卷，人民出版社1993年版，第9页。
② 《邓小平文选》第三卷，人民出版社1993年版，第275页。
③ 《邓小平文选》第三卷，人民出版社1993年版，第35页。

确立教育目标，培育"四有"新人。邓小平在教育目标方面明确指出，"我们在建设具有中国特色的社会主义社会时，一定要坚持发展物质文明和精神文明，坚持五讲四美三热爱，教育全国人民做到有理想、有道德、有文化、有纪律。"[①] 树立共产主义的远大理想，肩负起建设社会主义现代化国家的艰巨任务；学习和掌握先进的科学文化知识，并学以致用；同时，提高全民的法制观念。"四有"新人的提出，成为我国教育事业培养人才的新标准。

教育必须同国民经济发展的要求相一致，为教育发展指明了方向。1978年，邓小平在全国教育工作会议上明确提出"教育事业必须同国民经济发展的要求相适应"[②]。"不然，学生学的和将来要从事的职业不相适应，学非所用，用非所学，岂不是从根本上破坏了教育与生产劳动相结合的方针？那又怎么可能调动学生学习和劳动的积极性，怎么可能满足新的历史时期向教育工作提出的巨大要求？"[③] 突出强调教育必须同国民经济发展的需要相一致，实现教育理论从抽象到具体的转变，推动了教育理论与实践的有机结合。这就要求教育工作坚持一切从实际出发，从社会发展需要出发，解放思想，实事求是，研究新问题，解决新问题，实现学以致用。

---

① 《邓小平文选》第三卷，人民出版社1993年版，第110页。
② 《邓小平文选》第二卷，人民出版社1994年版，第107页。
③ 《邓小平文选》第二卷，人民出版社1994年版，第107—108页。

6. 维护社会稳定，创造发展和改善民生的社会环境

没有稳定的社会环境，改善民生的目标难以实现。邓小平指出："中国的问题，压倒一切的是需要稳定。没有稳定的环境，什么都搞不成，已经取得的成果也会失掉。"① "没有一个安定团结的政治局面，就不能安下心来搞建设。""文化大革命的经验已经证明，动乱不能前进，只能后退，要有秩序才能前进。在我国目前的情况下，可以说，没有安定团结，就没有一切。"②

7. 不断完善社会保障制度

1978 年 12 月，中共十一届三中全会上，邓小平特别指出："在西北、西南和其他一些地区，那里的生产和群众生活还很困难，国家应当从各方面给以帮助，特别要从物质上给以有力的支持。"③ 对于工人和知识分子的社会福利待遇，邓小平指出："我们的国家还很落后，工人的福利不可能在短期间有很大的增长，而只能在生产增长特别是劳动生产率增长的基础上逐步增长。但是，这决不能成为企业领导不关心工人福利的借口，尤其不能成为工会组织不关心工人福利的借口。"④ "必须为改善教职员工的物质生活待遇积极创造条件。

---

① 《邓小平文选》第三卷，人民出版社 1993 年版，第 284 页。
② 《邓小平文选》第二卷，人民出版社 1994 年版，第 252 页。
③ 《邓小平文选》第二卷，人民出版社 1994 年版，第 152 页。
④ 《邓小平文选》第二卷，人民出版社 1994 年版，第 137—138 页。

首先，要在可能的范围内尽力办好集体福利事业。"但是基于我国现阶段物质基础相对薄弱的现状，必须有步骤、有计划地满足工人阶级的需要。邓小平强调，"我们也反对现在要在中国实现所谓福利国家的观点，因为这不可能。我们只能在发展生产的基础上逐步改善生活。"① 针对社会保障中突出的失业问题，邓小平曾明确地指出："对失业人员，要妥善安排和救济。"②

（二）江泽民的民生思想

在我国改革开放进入攻坚阶段后，我国经济社会的发展又遇到了新的瓶颈。经济发展迅速，但教育、医疗、社会保障等各项事业发展滞后。以江泽民为代表的党中央第三代领导集体全面继承和发展了以邓小平为代表的党中央第二代领导集体的民生思想。在苏东剧变的国际压力下，针对我国的实际情况，江泽民提出"三个代表"重要思想，进一步回答了"什么是社会主义、怎样建设社会主义"，创造性地回答了"建设什么样的党、怎样建设党"的重大理论和现实问题。江泽民指出，我国当前社会发展的目标是"在经济发展的基础上，促进社会全面进步，不断提高人民生活水平，保

① 《邓小平文选》第二卷，人民出版社1994年版，第257页。
② 《邓小平文选》第一卷，人民出版社1994年版，第149页。

证人民共享发展成果"。① 江泽民的民生思想在于"执政为民""人民共享"的民生思想。其民生思想的主要内容体现在"三个代表"重要思想、全面建设小康社会的目标、"三大战略"等多个方面。

1. 提出"三个代表"重要思想

江泽民在十六大报告中明确指出,"贯彻'三个代表'重要思想……本质在坚持执政为民。"②

江泽民在"三个代表"重要思想的指导下,突出强调党必须始终代表中国最广大人民群众的根本利益,必须把维护人民的根本利益作为一切工作的出发点和立足点。党员干部在社会主义建设的过程中,始终坚持执政为民的政治理念,提升服务人民的意识,把群众利益放在首位。在党的执政理念上,逐步提高了对民生问题的关注度。"三个代表"重要思想中提到:"党要始终代表中国最广大人民的根本利益,就是党的理论、路线、纲领、方针、政策和各项工作,必须坚持把人民的根本利益作为出发点和归宿。"③ "在整个社会生产和建设发展的基础上,不断使全体人民得到并日益增加看得见的利益,始终是我们中国共产党人的神圣职责。全党同志

---

① 《江泽民文选》第三卷,人民出版社 2006 年版,第 534 页。

② 江泽民:《全面建设小康社会　开创中国特色社会主义事业新局面》,人民出版社 2002 年版,第 12 页。

③ 江泽民:《论有中国特色社会主义》,中央文献出版社 2002 年版,第 581 页。

心中始终都要装着人民群众，关心人民群众，千方百计地为他们谋利益，带领他们艰苦奋斗，创造幸福生活。"① "人民群众是我们国家的主人，我们是人民的公仆，有责任为他们解除后顾之忧。"②

江泽民指出：人民群众的整体利益是所有具体利益构成的所有政策和措施的工作的核心内容，如何能够正确反映并有利于妥善处理各种利益之间的关系，应该认真考虑和兼顾不同阶层、不同群体的多方面问题是最重要的事情，但是，必须首先考虑并满足最广大人民的利益要求。③ 党的一切工作的出发点和落脚点是党始终体现和代表了绝大多数人民的根本利益。在任何时候任何情况下，永远站在人民群众的立场，共命运，全心全意为人民服务的宗旨不能忘，一定要坚信群众是真正英雄的历史唯物主义观点。必须始终把反映人民的意愿作为我们一切工作的出发点和最终归宿，始终依靠人民群众和力量作为我们推进事业的工作的基本路线。④

2. 制定了全面建设小康社会的奋斗目标

以江泽民为核心的中国共产党第三代领导集体充分肯定

---

① 《"三个代表"重要思想学习纲要》，学习出版社 2003 年版，第116 页。

② 《江泽民文选》第一卷，人民出版社 2006 年版，第 14 页。

③ 江泽民：《在庆祝中国共产党成立 80 周年大会上的讲话》，《人民日报》2001 年 7 月 2 日。

④ 江泽民：《论"三个代表"》，中央文献出版社 2001 年版，第152 页。

了中国的改革开放事业和之前在民生建设上取得的成就，同时正确认识到当前为进一步改善民生状况，首要的就是必须继续提高人民的生活水平。江泽民强调，"我们经过几十年努力，虽然取得了经济建设的巨大成就，但新中国经济建设是从旧中国一穷二白的基础上起步的，加上人口众多，人均资源相对短缺，地区发展很不平衡，至今经济技术文化水平还比较低。现阶段我国社会的主要矛盾，是人民日益增长的物质文化需要同落后的社会生产之间的矛盾。"[①] 江泽民还多次从社会稳定发展的角度论述了人民生活水平的逐步提高，是社会稳定的牢固基础，是处理好改革发展稳定关系的结合点。"我国近代的历史和当今世界的现实都清楚表明，经济落后就会非常被动，就会受制于人。当前国际竞争的实质是以经济和科技实力为基础的综合国力较量。世界上许多国家特别是我们周边的一些国家和地区都在加快发展。如果我国经济发展慢了，社会主义制度的巩固和国家的长治久安都会遇到极大困难。所以，我国经济能不能加快发展，不仅是重大的经济问题，而且是重大的政治问题。"[②]

因此，江泽民在十五届五中全会上提出，"从新世纪开始，我国将进入全面建设小康社会，加快推进社会主义现代

---

① 《江泽民文选》第一卷，人民出版社 2006 年版，第 151 页。
② 《江泽民文选》第一卷，人民出版社 2006 年版，第 224 页。

化的新的发展阶段。"① 1997 年 9 月，党的十五大报告明确指出："展望下世纪，我们的目标是，第一个十年实现国民生产总值比二〇〇〇年翻一番，使人民的小康生活更加宽裕，形成比较完善的社会主义市场经济体制；再经过十年的努力，到建党一百年时，使国民经济更加发展，各项制度更加完善，到世纪中叶建国一百年时，基本实现现代化，建成富强民主文明的社会主义国家。"②

江泽民在中国共产党第十六次全国代表大会的报告，系统地阐述了全面建设小康社会的紧迫性，确立了全面建设小康社会的目标。他明确表示："我们要在本世纪头二十年，集中力量，全面建设惠及十几亿人口的更高水平的小康社会，使经济更加发展、民主更加健全、科教更加进步、文化更加繁荣、社会更加和谐、人民生活更加殷实。这是实现现代化建设第三步战略目标必经的承上启下的发展阶段，也是完善社会主义市场经济体制和扩大对外开放的关键阶段。经过这个阶段的建设，再继续奋斗几十年，到本世纪中叶基本实现现代化，把我国建成富强民主文明的社会主义国家。"③

全面小康社会理论丰富了民生发展阶段的目标内涵。全

---

① 江泽民：《论有中国特色社会主义》，中央文献出版社 2002 年版，第 583 页。

② 《江泽民文选》第二卷，人民出版社 2006 年版，第 4 页。

③ 《江泽民文选》第三卷，人民出版社 2006 年版，第 543 页。

面小康社会是高水平的小康，其本质就是促进民生的全面发展。

3. 实施"科教兴国"战略

江泽民在会见"863"工作会议科学家并参观成果展览时强调："今后十五年，是我国改革开放和现代化建设继往开来的重要时期，是中华民族走向全面振兴的关键时期。实施科教兴国战略，对于我国今后的发展和整个现代化的实现是至关重要的。我们要牢牢把握历史机遇，大力发展高技术及其产业，不断提高科技进步在推动经济增长中的作用，促进国民经济增长方式的转变。"① 江泽民在十六大报告中进一步指出，"教育是发展科学技术和培养人才的基础，在现代化建设中具有先导性全局性作用，必须摆在优先发展的战略地位。"②

4. 提出可持续发展战略

第二次世界大战以后，一些发达国家进入了经济高速增长的时期，一些发展中国家的经济也得到了快速的增长。但其经济发展都是以资源的巨大消耗、环境污染日益严重为代价的，导致了一系列全球性问题。面对日益严重的全球性问题，人类对自身发展的未来进行了深刻的反省和思考。于是

---

① 《江泽民同志理论论述大事纪要》，中共中央党校出版社 1998 年版，第 375 页。

② 《江泽民文选》第三卷，人民出版社 2006 年版，第 560 页。

可持续发展观孕育而生。

江泽民在党的十六大报告中明确地指出，"发展要有新思路。坚持扩大内需的方针，实施科教兴国和可持续发展战略，实现速度和结构、质量、效益相统一，经济发展和人口、资源、环境相协调。在经济发展的基础上，促进社会全面进步，不断提高人民生活水平，保证人民共享发展成果。""必须把可持续发展放在十分突出的地位，坚持计划生育、保护环境和保护资源的基本国策。稳定低生育水平。合理开发和节约使用各种自然资源。抓紧解决部分地区水资源短缺问题，兴建南水北调工程。实施海洋开发，搞好国土资源综合整治。树立全民环保意识，搞好生态保护和建设。"①

5. 实施西部大开发战略

1999 年江泽民结合当时的我国发展现状提出，加快中西部地区发展步伐的条件已经具备，时机已经成熟。当年的 11 月，中央经济工作会议部署，决定着手实施西部地区大开发战略。

1999 年 3 月 3 日，江泽民同志在九届全国人大二次会议和全国政协九届二次会议的党员负责人会上的讲话中，正式提出了"西部大开发"的战略思想。"中央已经明确了加快中西部地区开发的方针，并且把扩大国内需求作为促进经济增

————————

① 《江泽民文选》第三卷，人民出版社 2006 年版，第 546 页。

长的主要措施，实行积极的财政政策，这对于加快中西部的发展是一个很好的时机。西部地区那么大，占全国国土面积的一半以上，但大部分处于未开发或荒漠化状态。西部地区迟早是要大开发的，不开发，我们怎么实现全国的现代化？中国怎么能成为经济强国？美国当年如果不开发西部，它能发展到今天这个样子？""从安排全国众多的劳动力，为他们找到力所能及的广阔的就业出路来说，希望也在中西部特别是西部地区的大开发上。"① 6 月 26 日，江泽民在青岛主持召开国有企业改革和发展座谈会时，指出："从现在起，实施西部大开发要作为党和国家的一项重大的战略任务，摆到更加突出的位置。这是一个大战略、大思路。实施西部大开发，对于推进全国的改革和建设，对于国家的长治久安，都具有重大的经济意义和政治、社会意义。"②

6. 努力解决就业问题

江泽民同志在党的十六大报告中提出 21 世纪头 20 年我国经济建设和改革的主要任务时指出，要千方百计扩大就业，不断改善人民生活。江泽民说，就业是民生之本。解决就业问题是我国当前和今后长时期重大而艰巨的任务，也是国家

① 曾培炎：《战争抉择：第三代中央领导集体的远见卓识——西部大开发战略决策的提出和实施》，《党的文献》2010 年第 2 期。

② 中共中央对外宣传办公室、中共中央党史研究室编：《中国共产党历史日志》，中共党史出版社 2012 年版，第 218 页。

实行促进就业的长期战略和政策。各级党委和政府必须把改善创业环境和增加就业岗位作为重要职责，广开就业门路，积极发展劳动密集型产业。对提供新就业岗位和吸纳下岗失业人员再就业的企业给予政策支持。

在"三个代表"重要思想的指导下，深入挖掘非公有制经济对扩大就业的重要作用，鼓励三资企业、私营企业和个体经济吸引下岗职工就业，国家"对提供新就业岗位和吸纳下岗失业人员再就业的企业给予政策支持"①，突破了以往单纯依靠单一公有制经济解决就业问题的局限性，拓宽了就业领域。江泽民还提出要积极引导社会成员改变择业观念，"引导国有企业下岗职工切实转变择业观念，努力适应社会主义市场经济发展的新形势。鼓励他们自谋职业，从事个体经营活动。"② 此外，关于农村富余劳动力的转移方向，江泽民指出，"农村富余劳动力向非农产业和城镇转移，是工业化和现代化的必然趋势。"③ "农村富余劳动力的出路，从根本上说是要靠发展农村经济，就地转移。"④

---

① 江泽民:《全面建设小康社会 开创中国特色社会主义事业新局面》，人民出版社 2002 年版，第 30 页。

② 江泽民:《论有中国特色社会主义》，中央文献出版社 2002 年版，第 165 页。

③ 江泽民:《全面建设小康社会 开创中国特色社会主义事业新局面》，人民出版社 2002 年版，第 23 页。

④ 国家经济贸易委员会、中共中央文献研究室:《十四大以来党和国家领导人论国有企业改革和发展》，中央文献出版社 1999 年版，第 222 页。

7. 深化分配制度改革

在中共十六大报告中，江泽民进一步完善收入分配制度，指出"坚持按劳分配为主体、多种分配方式并存的制度。把按劳分配和按生产要素分配结合起来，坚持效率优先、兼顾公平，有利于优化资源配置，促进经济发展，保持社会稳定"①。争取处理公平与效率的关系，强调："初次分配注重效率，发挥市场的作用，鼓励一部分人通过诚实劳动、合法经营先富起来。再分配注重公平，加强政府对收入分配的调节职能，调节差距过大的收入。规范分配秩序，合理调节少数垄断性行业的过高收入，取缔非法收入。以共同富裕为目标，扩大中等收入者比重，提高低收入者收入水平。"② 收入分配制度改革涉及群众的切身利益，是国家调控贫富差距的有效手段，应当把眼前利益和长远利益相结合，把个人利益和集体利益、国家利益相结合，实现社会公平、公正。

8. 建立健全社会保障体系

江泽民强调，"坚持社会统筹和个人账户相结合，完善城镇职工基本养老保险制度和基本医疗保险制度。健全失业保险制度和城市居民最低生活保障制度。多渠道筹集和积累社会保障基金。"③ 构建健全的社会保障体系，有利于增强群众

---

① 《江泽民文选》第二卷，人民出版社 2006 年版，第 22 页。
② 《江泽民文选》第三卷，人民出版社 2006 年版，第 550 页。
③ 《江泽民文选》第三卷，人民出版社 2006 年版，第 550—551 页。

的安全感和归属感，是国家长治久安的根本保证。

9. 维护社会的稳定团结

在社会管理方面，要正确处理改革、发展、稳定的关系。江泽民指出"我们要善于统观全局，精心谋划，从整体上把握改革、发展、稳定之间的内在关系，做到相互协调、相互促进。要把加快改革和发展的紧迫感同科学求实的精神很好地结合起来，充分考虑经济社会各方面的有利条件和可能出现的困难，做到在政治和社会稳定中推进改革和发展，在改革和发展的推进中实现政治和社会长期稳定"①。正确处理改革、发展、稳定的关系，有利于实现经济社会持续、快速、健康发展，有利于充分调动和发挥群众的生产积极性，实现国民经济又好又快发展。

（三）　胡锦涛的民生思想

21 世纪以来，我国的改革开放事业从二十多个年头走向三十多个年头，在中国共产党的领导下，社会主义建设取得了显著的成果，经济建设的巨大成就有目共睹。整个国家的综合国力和国际地位都得到了大幅度提升，人民生活水平已经实现总体小康并不断迈向全面小康。但与此同时，由于改革不断深入，中国已经走到一个制度设计和制度创新的关键

---

① 《江泽民文选》第一卷，人民出版社 2006 年版，第 461—462 页。

时期。在这一时期，由工业化和城镇化带来的包括就业、社会保障、住房、"看病贵、看病难"和"上学贵、上学难"等在内的民生问题越来越突出，迫切需要得以解决。同时，随着生活水平的提高，人民群众对民生的需求也更多、更具体。以胡锦涛为总书记的党中央领导集体充分认识到日益凸显的民生问题，提出了要从社会公平、正义的层面来保障和改善民生，并把"以民生为重点的社会建设"摆在十分重要的位置。

十六大以来，以胡锦涛同志为总书记的党中央把民生问题的解决置于新的高度，提出科学发展观，以人为本，构建社会主义和谐的执政理念。在新的执政理念中，民生问题得到空前重视，不断推进民生问题的解决。尤其是在党的十七大上，"民生"作为核心概念之一，在党的历次代表大会上第一次被放在非常关键的位置。胡锦涛把民生改善与社会建设紧密结合，提出要"加快推进以改善民生为重点的社会建设"。在十七大报告中，他指出，"社会建设与人民幸福安康息息相关。必须在经济发展的基础上，更加注重社会建设，着力保障和改善民生，推进社会体制改革，扩大公共服务，完善社会管理，促进社会公平正义，努力使全体人民学有所教、劳有所得、病有所医、老有所养、住有所居，推动建设和谐社会。"① 2008 年 1 月 1 日，胡锦涛在全国政协新年茶话

---

① 胡锦涛：《高举中国特色社会主义伟大旗帜　为夺取全面建设小康社会新胜利而奋斗——在中国共产党第十七次全国代表大会上的报告》，人民出版社 2007 年版，第 43 页。

会上指出：我们要加快推进以改善民生为重点的社会建设，扩大公共服务，完善社会管理，落实教育优先发展的政策措施，实施扩大就业的发展战略，合理调节国民收入分配，完善社会保障体系，加快建立基本医疗制度，着力解决城市低收入家庭住房困难，切实维护社会稳定，促进社会和谐。

1. 把坚持"人民至上"作为改善民生的执政新理念

2002年12月胡锦涛在西柏坡考察时的重要讲话中提出的"权为民所用、情为民所系、利为民所谋"的重要思想。胡锦涛要求全党特别是各级领导必须"为民"的执政理念。胡锦涛指出，"一切工作都要经得起实践、群众和历史的检验，衡量政绩的最终标准是人民拥护不拥护、赞成不赞成、高兴不高兴、答应不答应。各级干部特别是领导干部，都必须把实现最广大人民的根本利益作为工作的最高目的，做合格的人民公仆。"[1]"尊重人民主体地位，发挥人民的首创精神，保障人民各项权益，走共同富裕道路，促进人的全面发展，做到发展为了人民、发展依靠人民、发展成果由人民共享。"[2]

2. 把改善民生作为社会建设的重点内容

2005年2月19日，胡锦涛在中共中央党校举办的省部级

---

[1]　中共中央文献研究室：《十六大以来重要文献选编》上册，中央文献出版社2005年版，第508页。

[2]　胡锦涛：《在中国共产党第十七次代表大会上的报告》，《光明日报》2007年10月25日第1版。

主要领导干部研讨班开班仪式上的讲话中明确指出："随着我国经济社会的不断发展，中国特色社会主义事业的总体布局，更加明确地由社会主义经济建设、政治建设、文化建设三位一体发展为社会主义经济建设、政治建设、文化建设、社会建设四位一体。"① 在党的十七大报告中提出，加快推进社会建设，要深刻认识改善民生是社会建设的重点。改革开放以来，我国社会建设取得了很大进步，社会事业有了很大发展，城乡居民的生活水平得到了很大提高。但是必须看到，在经济快速发展的同时，社会建设相对滞后，劳动就业、社会保障、收入分配、教育卫生、居民住房、安全生产、司法和社会治安等方面关系群众切身利益的问题仍需解决。十七大报告适应经济社会发展的新趋势，顺应各族人民过上更好生活的新期待，更加突出强调加快推进以改善民生为重点的社会建设。这是对老百姓切身利益问题作出的明确回应，表明我们党把解决民生问题纳入国家的方针大计，实现了"国计"与"民生"的统一、党心和民意的对接。胡锦涛明确把改善民生作为社会建设的重点内容，并强调指出："必须在经济发展的基础上，更加注重社会建设，着力保障和改善民生，推进社会体制改革，扩大公共服务，完善社会管理，促进社会公平正义，努力使全体人民学有所教、劳有所得、病有所医、

① 胡锦涛:《在省部级主要领导干部提高构建社会主义和谐社会能力专题研讨班上的讲话》，人民出版社 2005 年版，第 2 页。

老有所养、住有所居，推动建设和谐社会。"①

3. 以科学发展观为民生建设的指导方针

党的十七大报告明确指出："科学发展观，第一要义是发展，核心是以人为本，基本要求是全面协调可持续，根本方法是统筹兼顾。"② 科学发展观的根本价值诉求，就是不断改善人民群众的生活条件，提高人民群众的生活质量。在新世纪、新阶段，全面推进中国特色社会主义民生建设，必须坚持以邓小平理论和"三个代表"重要思想为指导，深入贯彻落实科学发展观。

科学发展观强调发展要以人为本，从根本上回答了为什么发展的问题，明确了发展与人的关系问题，发展的全部出发点和落脚点是人而不是物。科学发展观强调要坚持发展为了人民，就是要把实现好、维护好、发展好最广大人民的根本利益，作为党和政府一切方针政策和各项工作的根本出发点和落脚点，坚持把人民拥护不拥护、赞成不赞成、高兴不高兴、答应不答应作为衡量一切决策和工作的标准，把发展的目的真正落实到满足人民需要、实现人民利益、提高人民

---

① 胡锦涛：《高举中国特色社会主义伟大旗帜 为夺取全面建设小康社会新胜利而奋斗——在中国共产党第十七次全国代表大会上的报告》，人民出版社 2007 年版，第 43 页。

② 胡锦涛：《高举中国特色社会主义伟大旗帜 为夺取全面建设小康社会新胜利而奋斗——在中国共产党第十七次全国代表大会上的报告》，人民出版社 2007 年版，第 15 页。

生活水平上。发展的根本目的应该是改善民生，不断提高人民生活水平。经济增长、科技创新、社会进步、文化发展和环境改善都应当服从于改善民生、不断提高人民生活水平的根本目的。

4. 提出了"五有"民生建设目标

党的十七大报告中，以胡锦涛为总书记的领导集体以科学发展观为指导，从构建社会主义和谐社会的战略高度，以解决人民群众最关心、最直接、最现实的利益问题为出发点，对以改善民生为重点的社会建设的具体目标作出了明确的表述："努力使全体人民学有所教、劳有所得、病有所医、老有所养、住有所居，推动和谐社会建设。"①

（1）"学有所教"

教育是民生之基。"学有所教"就是坚持教育的公益性和普惠性，促进教育公平，保障人人享有接受良好教育的机会。胡锦涛强调指出，教育是民族振兴的基石，教育公平是社会公平的重要基础。胡锦涛在多次重要会议和讲话中都提到，"努力办好让人民满意的教育"，并把这一要求同实施科教兴国和人才强国战略，建设人力资源强国的目标紧密地联系在一起。

（2）"劳有所得"

就业是民生之本。"劳有所得"就是让人民群众能获得平

---

① 《十七大以来重要文献选编》（上），中央文献出版社 2009 年版，第 29 页。

等的就业机会，并能获得和他们的劳动相适应的应有的报酬。就业是民生之本，是人民群众获得收入、维持生计和进一步改善物质文化生活的基本途径。

（3）"病有所医"

就医是民生之急。"病有所医"就是要建立基本医疗卫生制度，为人民群众提供安全、有效、方便、价廉的医疗卫生服务，让全体人民都看得起病，防止出现有病无处看、没钱看和因病致贫、因病返贫的现象。十七大报告把"病有所医"作为改善民生的任务之一，明确提出建立一个"人人享有基本医疗卫生服务"制度的目标，要求努力建立健全覆盖城乡居民的医疗卫生服务体系和适应不同需求、多种形式的医疗保障制度。

（4）"老有所养"

社保是民生之盾。"老有所养"就是要加快建立覆盖全社会的基本养老保险制度，特别要重视农村养老问题的解决，让所有老年人能够分享经济社会发展的成果，安享晚年。为加快实现"老有所养"的目标，党的十七大报告提出，要以社会保险、社会救助、社会福利为基础，以基本养老、基本医疗、最低生活保障制度为重点，以慈善事业、商业保险为补充，加快完善社会保障体系。促进企业、机关、事业单位基本养老保险制度改革，探索建立农村养老保险制度。

（5）"住有所居"

住房是民生之需。"住有所居" 就是要加快住房制度改革，强化政府责任，保障中低收入阶层的大部分能够买得起房，少部分买不起房的困难户可以通过政府提供的廉租房获得住房，保障人人能有房住。

"五有"新目标涵盖了中国特色社会主义社会建设中关系到群众切身利益的方方面面，是全面推进民生建设的行动指南与纲领。这表明党和政府越来越重视民生问题，对民生建设的定位和认识越来越清晰，对民生建设的探索更为理性、更为全面、更为科学。

（四）习近平的民生思想

1. 以始终把人民放在心中最高的位置，牢记为人民服务的宗旨，立党为公、执政为民为核心思想和精髓

中国共产党的根本宗旨是全心全意为人民服务，为人民服务是党的一切理论和行动的根本指导方针。习近平同志在领导中国特色社会主义民生建设过程中，始终实践和履行着党的为人民服务的根本宗旨，全心全意为人民服务是其民生观的核心和灵魂。主要体现在以下几个方面：

第一，习近平把人民对美好生活的向往，作为自己的奋斗目标。2012 年 11 月 15 日，习近平在十八届一中全会后举行的媒体见面会上，发表了重要讲话。在讲话中习近平详细

阐述了人民对民生问题的愿望和要求，把人民对美好生活的向往，确立为自己为代表的新一届领导集体的奋斗目标。习近平指出，我们的人民热爱生活，期盼有更好的教育、更稳定的工作、更满意的收入、更可靠的社会保障、更高水平的医疗卫生服务、更舒适的居住条件、更优美的环境，期盼着孩子们能成长得更好、工作得更好、生活得更好。人民对美好生活的向往，就是我们的奋斗目标。

第二，习近平把团结带领全党全国各族人民，坚持改革开放，不断解放和发展社会生产力，努力解决群众的生产生活困难，坚定不移走共同富裕的道路，作为新一届领导集体的重要责任。习近平强调，新一届领导集体要始终与人民心心相印、与人民同甘共苦、与人民团结奋斗。

第三，2013 年 3 月 17 日，第十二届全国人民代表大会第一次会议在北京人民大会堂举行闭幕会。中华人民共和国主席习近平发表重要讲话。习近平表示他将忠于人民，恪尽职守，夙夜在公，为民服务。"我深知，担任国家主席这一崇高职务，使命光荣，责任重大。我将忠实履行宪法赋予的职责，忠于祖国，忠于人民，恪尽职守，夙夜在公，为民服务，为国尽力，自觉接受人民监督，决不辜负各位代表和全国各族人民的信任和重托。"[1]

---

① 习近平：《在第十二届全国人民代表大会第一次会议上的讲话》，人民出版社 2013 年版，第 1 页。

第四，习近平认为，党的各级领导干部，都是人民的公仆，必须牢记党的全心全意为人民服务的宗旨，把群众的安危冷暖放在心上，以高度负责的态度，真心诚意地为人民群众办实事、做好事、解难事。要切实做好和人民群众切身利益息息相关的每一项工作，使中国共产党赢得广大人民群众的拥护和支持。

2. 以坚持植根于人民，坚持群众路线，树立群众观点，保持党同人民群众的血肉联系，始终与人民心连心、同呼吸、共命运为根本政治立场

习近平同志从历史的维度出发，论证了坚持植根于人民，坚持群众路线，树立群众观点，保持党同人民群众的血肉联系的重要性。习近平总结了政党执政的规律和政权兴亡的重要规律，认识到人心向背最终决定着一个政党或一个政权的前途和命运。习近平认为密切联系群众，保持与人民群众的血肉联系，是中国共产党立于不败之地的根基。党如果脱离了群众、失去了人民拥护和支持，最终注定走向失败，丧失执政资格和执政党地位。习近平从党的地位和党所肩负使命的维度出发，论述了植根于人民，坚持群众路线，树立群众观点的必要性。他指出，中国共产党是中国特色社会主义事业的坚强领导核心，担负着团结带领人民全面建成小康社会、推进社会主义现代化、实现中华民族伟大复兴的使命。如果党的领导坚强有力，党同人民保持血肉联系，那么国家就会

保持繁荣稳定，人民就会安居乐业。

习近平同志强调党要适应和把握新形势下群众工作新特点新要求，做好对群众的组织、宣传、教育和服务工作。习近平同志指出，党要注意从人民伟大实践中汲取智慧和力量，对人民群众在实践中创造的新鲜经验进行及时的总结。要虚心向群众学习，诚心接受群众监督，始终植根于人民、造福人民，始终保持党同人民群众的血肉联系，始终与人民心连心、同呼吸、共命运。他还要求各级党员和干部要办好顺民意、解民忧、惠民生的实事，纠正损害群众利益的行为，要着力解决人民群众反映强烈的突出问题，把群众工作做实、做深、做细，确保群众安居乐业，确保社会和谐稳定。

习近平要求全体党员尤其是党的各级领导干部要弘扬党的密切联系群众和一切为了群众、一切依靠群众的光荣传统和优良作风，坚持不懈地把群众观点和群众路线落实到实践中，认真把握新形势下群众工作的特点和规律，努力为群众办实事、解难事、做好事，把工作做到群众的心坎上。

十八大后，习近平号召在中国共产党内开展群众路线教育实践活动。习近平强调开展党的群众路线教育实践活动，以为民、务实、清廉为主要内容，加强全体党员马克思主义群众观点教育，着力解决人民群众反映强烈的突出问题，提高做好新形势下群众工作的能力，保持党同人民群众的血肉联系，发挥党密切联系群众的优势。

习近平同志始终坚持植根于人民，坚持党的群众路线，牢固树立群众观点，一直保持党同人民群众的血肉联系，始终与人民心连心、同呼吸、共命运，充分体现了其民生观的丰富内容。

3. 以坚持以人为本，树立科学的政绩观和科学的发展观为解决民生问题的原则和实现路径

习近平同志对解决民生问题的原则和途径进行了有益的探索。他说，解决民生问题必须坚持以人为本的原则。以人为本，就是以最广大人民的根本利益为本。坚持以人为本，就是要把人民群众的利益放在第一位，始终把实现好、维护好、发展好最广大人民群众的根本利益作为党和国家一切工作的根本的出发点和落脚点。尊重人民主体地位，发挥人民首创精神，保障人民各项权益，走共同富裕道路，促进人的全面发展。做到发展为了人民，发展依靠人民，发展成果由人民共享。

2012年11月15日，习近平在十八届一中全会后举行的媒体见面会上，发表了重要讲话。讲话中，习近平系统阐述了共产党人的政绩观。他说要教育广大党员树立科学的政绩观和科学的发展观，不要弄虚作假，劳民伤财，一味搞"形象工程"和"政绩工程"。习近平强调，党的各级领导干部要做得人心、暖人心、稳人心的事，领导干部要解决群众最关心、最迫切需要解决的问题，全面建设小康社会，促进人

的全面发展。

习近平提出衡量领导干部的政绩观、发展观的标准是能否坚持求真务实，为人民群众真心诚意办实事，坚持不懈做好事，尽心竭力解难事。习近平指出了领导干部树政绩的根本途径和根本目的。习近平强调领导干部树政绩的根本途径是将人民群众的眼前利益和长远利益结合起来，尊重客观规律，按客观规律办事，脚踏实地地工作；领导干部树政绩的根本目的是为人民谋利益。

习近平强调，一定要坚持以人为本，树立科学的发展观、正确的政绩观和群众观，努力在为民动真情、谋利出实招中，把"立党为公、执政为民"的本质要求落到实处。习近平强调，要把中央各项惠民政策落到实处，各级领导干部要更多关爱生产、生活、工作和学习等方面有困难的群众，让人民群众切实感受到党和政府的关怀和温暖。

4. 以实现共同富裕和社会的公平正义，使人人共享人生出彩的机会、共享梦想成真的机会为价值理念和追求

2012 年 11 月 17 日，习近平在十八届中共中央政治局第一次集体学习时发表讲话。习近平强调建设中国特色社会主义，必须发挥人民主人翁精神，保证人民当家作主。解放和发展社会生产力是中国特色社会主义的根本任务，必须坚持以经济建设为中心，以科学发展为主题，实现以人为本、全面协调可持续的科学发展。改革开放是坚持和发展中国特色

社会主义的必由之路，公平正义是中国特色社会主义的内在要求，加紧建设对保障社会公平正义具有重大作用的制度，逐步建立社会公平保障体系。共同富裕是中国特色社会主义的根本原则，所以必须使发展成果更多更公平地惠及全体人民，朝着共同富裕的方向稳步前进。

2012年12月13日下午十八届中共中央政治局就《坚定不移推进改革开放》进行第二次集体学习。中共中央总书记习近平在主持学习时强调，改革开放是亿万人民自己的事业，必须坚持尊重人民首创精神，加强和改善党的领导，保持党同人民群众的血肉联系，使改革发展成果更多更公平地惠及全体人民，不断为深化改革开放夯实群众基础。

2013年3月17日，习近平发表讲话，把人民幸福作为中国梦实现的一个重要标志。习近平指出，实现全面建成小康社会、建成富强民主文明和谐的社会主义现代化国家的奋斗目标，实现中华民族伟大复兴的中国梦，就是要实现国家富强、民族振兴、人民幸福。他还说，实现中国梦必须坚持中国道路、凝聚中国力量和弘扬中国精神。习近平强调中国梦归根到底是人民的梦，实现中国梦必须紧紧依靠广大人民群众。习近平号召全国各族人民牢记使命，团结起来，万众一心，为实现共同梦想而奋斗。

习近平揭示了实现共同富裕和社会的公平正义，使人人共享人生出彩的机会，共享梦想成真的机会，离不开相应的制度保障。实现共同富裕和社会的公平正义必须坚持党的领导、人民当家作主与依法治国三者的有机统一，坚持人民主体地位，扩大人民民主，推进依法治国的进程。

习近平强调，中国共产党要时刻注意倾听人民心声，顺应民意，保障人民权利，维护社会公平正义，解决好民生问题，使学有所教、劳有所得、病有所医、老有所养、住有所居，不断实现好、维护好、发展好最广大人民根本利益，使发展成果更多更公平地惠及全体人民，在经济社会不断发展的基础上，朝着共同富裕方向稳步前进。

二、改革开放后的民生实践

(一) 教育是民生之基，高度重视教育发展

1977年9月，邓小平在同教育部主要负责同志的谈话中，彻底否定了"四人帮"炮制的否定知识分子和十七年教育路线的所谓"两个估计"，实现了教育思想上"拨乱反正"。

1978年1月，全国统一了秋季入学制度，同时制定和修订了中小学教学计划和教学大纲，规范了学制和中小学生的入学年龄，使得基础教育逐步走上了正常轨道。恢复了已经中断十年的高等学校统一考试制度，在全社会重新树立起了尊重知识、重视教育的风气。经过一段时间的恢复和重建，我国的教育事业重新步入正轨，焕发出勃勃生机。

1985 年 5 月，以改革开放以来的第一次全国教育工作会议颁布的《中共中央关于教育体制改革的决定》为标志，开始了以正确处理政府、学校、社会的关系以及中央政府与地方政府的关系为主要内容的教育体制改革。在基础教育领域，《决定》提出要实施九年制义务教育，并提出了因地制宜、实事求是的实施规划。

1986 年颁布的《中华人民共和国义务教育法》进一步明确了基础教育管理权由县、乡为主的格局。在高等教育领域，《决定》提出要改善政府对高等学校的宏观管理，扩大高等学校的办学自主权。在高等学校办学体制上，形成了中央、省（自治区、直辖市）、中心城市三级办学体制。在职业教育领域，实行"先培训，后就业"制度，并理顺了职业教育的管理体制和办学体制。以《决定》为标志的教育体制改革推动了全国教育事业的快速发展。

1992 年全国有小学 712973 所，小学入学人数达到 2183.2 万人，比上年增加 110 万人；7 至 11 周岁学龄儿童入学率达到 97.95%，比上年提高 0.11 个百分点。初中在校学生达到 4122.92 万人，在校生比上年增加 109.31 万人；高中阶段教育共招收学生 426.91 万人（未包括技工学校），比上年增加 10.33 万人；普通高等教育发展加快，当年招收本专科学生 75.42 万人，比上年增加 13.43 万人，年增长率为 21.66%，小学、初中、高中及大学入学率均比改革开放初期有了大幅度提高。①

1993 年 2 月，党中央和国务院印发了《中国教育改革和发展纲要》。《纲要》规定，到 2000 年全国基本普及九年义务教育，即占全国人口 85% 的地区普及九年义务教育。初中阶段的入学率达到 85% 左右，小学入学率达到 99%。12 月颁布了《教师法》，为维护教师的合法权益提供了法律保障，有力地提高了教师的社会地位。

1994 年 6 月国务院发布了《关于〈中国教育改革和发展纲要〉的实施意见》。该《纲要》及其《实施意见》，以及《全国教育事业“九五”计划和 2010 年发展规划》的发布，不但有力地促进了教育事业的全面发展，而且对改革教育体制和资源配置方式、调动社会资源参与教育发展产生深远的影响。1994 年开始启动“211 工程”，有效地带动了我国高等教育的发展和高等教育质量的提高。

1999 年 1 月国务院批转教育部发布的《面向 21 世纪教育振兴行动计划》。该《计划》旨在落实科教兴国战略，全面推进教育的改革和发展，提高全民族的素质和创新能力。其颁布开启了世纪之交我国教育事业向纵深发展的新篇章，是我国教育适应经济发展的具体体现，是跨世纪教育改革和发展的施工蓝图。

---

① 数据来源：《1992 年全国教育事业发展统计公报》，见 http://www.edu.cn/20010823/207277.shtml。

1999 年 6 月，党中央、国务院召开了改革开放以来第三次全国教育会议，发布了《关于深化教育改革、全面推进素质教育的决定》，强调要通过教育改革来推进素质教育，培养适应 21 世纪社会需要的社会主义新人。

2000 年，党的十五届五中全会提出了教育适度超前发展的重大方针。在党和政府的正确引导下，我国各级各类教育在世纪之交都取得了举世瞩目的成就。

到 2002 年年底，全国实现"两基"（即基本实施九年义务教育和基本扫除青壮年文盲）的地区人口覆盖率进一步提高，达到 90%以上。到 2002 年年底，实现"两基"验收的县（市、区）总数达到 2598 个（含其他县级行政区划单位 169个），比上年增加 24 个县（市、区）；12 个省（直辖市）已按要求实现"两基"。高中阶段毛入学率 42.8%。高等教育毛入学率达到 15%以上，进入大众化阶段。①

2005 年 3 月 5 日，温家宝总理在《政府工作报告》中首次阐述了关于免费义务教育的基本思路。2005 年 11 月 10 日，教育部发布《中国全民教育国家报告》，确定了"农村优先实行免费义务教育"的原则，并明确了我国实施免费义务教育的时间表，即"到 2007 年全国农村义务教育阶段家庭经济困难学生都能享受到免费教科书和住宿生活补助，力争到

---

① 教育部：《2002 年全国教育事业发展统计公报》，见 http://www.stats.gov.cn/tjdt/bmtjys/t20030514_ 77919.htm。

2010 年在全国农村地区全部实行免费义务教育，2015 年在全国普遍实行免费义务教育"①。

2006 年 3 月召开的全国人大十届四次会议上，温家宝总理在《政府工作报告》中进一步明确指出："从今年起用两年时间，全部免除农村义务教育阶段学生的学杂费，今年在西部地区实施，明年扩大到中部和东部地区；继续对贫困家庭学生免费提供教科书并补助寄宿生生活费。将农村义务教育全面纳入国家财政保障范围，逐步建立中央和地方分担的农村义务教育经费保障机制。"免费义务教育政策的提出与逐步实施极大地推动了我国义务教育的发展。到 2006 年年底，实现"两基"验收的县（市、区）累计达到 2973 个（含其他县级行政区划单位 205 个），占全国总县数的 96%，"两基"人口覆盖率达到 98%。②

2006 年 6 月 29 日，经十届全国人大常委会第二十二次会议通过，并于 2007 年 9 月 1 日起实施的《中华人民共和国义务教育法（修订案）》进一步将义务教育经费保障机制以法律形式固定下来，明确了国家将义务教育全面纳入财政保障范围，明确规定义务教育不收学费、杂费。这项规定为在新

---

① 教育部：《中国全民教育全国公报》，见 http://www.moe.edu.cn/edoas/website18/56/info31756.html。

② 教育部：《2006 年全国教育事业发展统计公报》，见 http://www.chinanews.com.cn/edu/zcdt/news/2007/06-08/953143.shtml。

的起点上更好地发展义务教育提供了法律保障。

2007 年 5 月 13 日，国务院发布《国务院关于建立健全普通本科高校高等职业学校和中等职业学校家庭经济困难学生资助政策体系的意见》，决定从 2007 年秋季学期开学起，进一步建立健全我国家庭经济困难学生资助政策体系。该《意见》提出的新资助政策的主要内容包括：

一是完善助学金制度。中央继续设立国家奖学金，每年奖励 5 万名普通本科高校和高等职业学校全日制本专科在校生中特别优秀的学生；新增由中央与地方共同设立的国家励志奖学金，用于奖励资助普通本科高校和高等职业学校全日制本专科在校生中品学兼优的家庭经济困难学生，资助面平均约占全国高校在校生的 3%，资助标准为每生每年 5000 元。

二是完善国家助学金制度。中央与地方共同设立国家助学金，用于资助普通本科高校、高等职业学校全日制本专科在校生中家庭经济困难学生和中等职业学校所有全日制在校农村学生及城市家庭经济困难学生。其中，普通本科高校和高等职业学校国家助学金资助面平均约占在校生总数的 20%，平均资助标准为每生每年 2000 元；中等职业学校国家助学金资助所有全日制在校农村学生和城市家庭经济困难学生，资助标准为每生每年 1500 元，国家资助两年，第三年实行学生工学结合、顶岗实习。

三是进一步完善和落实国家助学贷款政策。大力开展生源地信用助学贷款。生源地信用助学贷款与高校国家助学贷款享有同等优惠政策。对普通本科高校和高等职业学校全日制本专科生，在校期间获得国家助学贷款，毕业后自愿到艰苦地区基层单位从事第一线工作且服务达到一定年限的，国家实行国家助学贷款代偿政策。

四是从 2007 年秋季开学起，对教育部直属师范大学新招收的师范生，实行免费教育。

五是学校要按照国家有关规定从事业收入中足额提取一定比例的经费，用于学费减免、国家助学贷款风险补偿、勤工助学、校内无息借款、校内奖助学金和特殊困难补助等方面的开支。这是继全部免除农村义务教育阶段学杂费之后，促进教育公平的又一重大举措。新的资助政策体系中各项政策和措施都真正落实到位后，每年用于助学的财政投入、助学贷款和学校安排的助学经费总计将超过 500 亿，约 1800 所高校的 400 万学生和 1.5 万所中等职业学校的 1600 万学生将获得资助。[①] 新的资助体系将极大地促进高等教育和中等职业教育的发展，有力地保障让学校的大门向每个人公平地敞开，让所有贫困家庭的子女都上得起学，真正享有受教育的平等权利。

---

① 教育部 2007 年第 7 次新闻发布会散发材料之二《国务院决定建立健全普通本科高校、高等职业学校和中等职业学校家庭经济困难学生资助政策体系》，见http://www.moe.edu.cn/edoas/website18/43/info28243.htm。

2008 年春天我国在 16 个省（自治区、直辖市）和 5 个计划单列市进行免除城市义务教育学杂费试点，解决城市贫困人口的义务教育问题。在试点获得成功的基础上，国务院决定从 2008 年秋季学期起在全国范围内免除城市义务教育阶段学杂费。

（二）就业是民生之本，促进和保障就业

1980 年 8 月，中央召开的全国劳动就业会议决定采取八项重大举措，大力促进就业。

1981 年 10 月 17 日发布了《中共中央、国务院关于广开就业门路，搞活经济，解决城镇就业问题的若干决定》，确定了争取在 1985 年以前大体上解决好历年积累下来的城镇待业青年的就业目标；提出结合调整产业结构和所有制结构，广开就业门路。

1982 年 12 月 10 日五届人大五次会议批准国家"六五"计划，再次重申了实行"劳动部门介绍就业，自愿组织起来就业和自谋职业相结合"的就业方针，多途径解决就业。

1990 年 4 月 27 日国务院下达了《关于做好劳动就业工作的通知》，重申了广开就业门路，积极拓展就业渠道的政策，同时强调严格控制农村富余劳动力冲击城镇就业问题。

1991 年 6 月 26 日发布《关于企业职工养老保险制度的决定》，提出建立基本养老保险、企业补充养老保险和职工个人

储蓄性养老保险三结合的制度；10 月 17 日发布《关于大力发展职业技术教育的决定》，提出实行"双证书"制度，使持证上岗成为择优录用的基本条件。

1992 年 6 月 16 日发布《关于加快发展第三产业的决定》，指出发展第三产业投资少、收效快、效益好、就业容量大。上述一系列政策的贯彻和落实，有效缓解了城镇就业的压力。

1994 年 7 月 5 日颁布《中华人民共和国劳动法》，使我国劳动管理工作走上了法治化的轨道。这部法律将国家促进就业、劳动合同、工作时间和休息休假、工资、劳动安全卫生、女职工和未成年工特殊保护、职业培训、社会保险和福利、劳动争议等就业的重大问题以法律形式固定下来，有效地保护了广大劳动者的就业权益。

1995 年 4 月国务院转发劳动部《关于实施再就业工程的报告》，在全国开展再就业工作。

1998 年 5 月党中央、国务院召开国有企业下岗职工基本生活保障和再就业工作会议，要求国有大中型企业建立再就业服务中心。

2002 年党中央、国务院下发《关于进一步做好下岗失业职工再就业工作的通知》。围绕该《通知》，国务院有关部门共同制定了 8 个配套文件，在实践中贯彻落实该《通知》的相关规定。据统计，从 1998 年至 2003 年全国国有企业顺利下岗分流 2818 万人，其中 1726 万人通过多种渠道和方式实现了再就业。[1]

2003 年 8 月，在党中央、国务院召开的全国再就业工作座谈会上，以胡锦涛为总书记的新一代领导集体强调要把就业与再就业工作放在更加突出的位置上，要求发展就业容量大的企业，加强人力资源能力建设。

2005 年 11 月国务院发布了《关于进一步加强就业再就业工作的通知》，促进了"劳动者自主择业、市场调节就业和政府促进就业"方针的贯彻落实，加快了在社会主义市场经济条件下促进就业长效机制的建立。该《通知》下发后，国务院就业工作部际联席会议 18 个成员单位在两个月内又颁布了 7 个与之配套的文件，使该《通知》的有关政策得到细化。

2007 年，国家颁布了三部就业法律，即《中华人民共和国劳动合同法》《中华人民共和国就业促进法》和《中华人民共和国劳动争议调解仲裁法》。

《就业促进法》是建立就业长效机制的必然选择，其宗旨是促进就业，促进经济发展与扩大就业相协调，促进社会和谐稳定。该法明确了政府促进就业的各项职责：县级以上人民政府应当把扩大就业作为重要职责，统筹协调产业政策

---

① 丁宁宁、葛延风主编：《构建和谐社会 30 年社会政策聚焦》，中国发展出版社 2008 年版，第 105 页。

与就业政策；各级人民政府创造公平就业的环境，消除就业歧视，制定政策并采取措施对就业困难人员给予扶持和援助；县级以上人民政府培育和完善统一开放、竞争有序的人力资源市场，为劳动者就业提供服务；国家依法发展职业教育，鼓励开展职业培训，促进劳动者提高职业技能，增强就业能力和创业能力；各级人民政府建立健全就业援助制度，采取税费减免、贷款贴息、社会保险补贴、岗位补贴等办法，通过公益性岗位安置等途径，对就业困难人员实行优先扶持和重点帮助；各级人民政府和有关部门应当建立促进就业的目标责任制度；规定了劳动行政等有关部门及其工作人员违反本法规定应负的法律责任，建立了促进就业的政策支持体系，规定了各级政府建立健全的就业援助制度，为全社会建立促进就业的长效机制打下了坚实的基础。

《劳动合同法》的宗旨是完善劳动合同制度，明确劳动合同双方当事人的权利和义务，保护劳动者的合法权益，构建和发展和谐稳定的劳动关系。该法对劳动合同的订立、履行、变更、解除、终止，对集体合同、劳务派遣、非全日制用工等特别事项，以及劳动合同的监督检查和法律责任等都做了十分详细的规定，有利于和谐劳动关系的建立。

《劳动争议调解仲裁法》的宗旨是公正及时解决劳动争议，保护当事人合法权益，促进劳动关系和谐稳定。该法和以前实施的《劳动法》和原《企业劳动争议处理条例》相比，在以下方面有了很大进步：扩大了受案范围，有效地解决了劳动者投诉无门的问题；规定了举证责任倒置，帮助劳动者迈过举证门槛；拓宽了调解渠道；明确了仲裁管辖合同履行地优先，方便了当事人提起仲裁；仲裁时效由原来的60日延长到一年；缩短了仲裁审理期限，有效防止了案件久拖不决。这三部法律的颁布实施有效地平衡了劳资关系，促进了就业中劳、资、政和谐关系的建立，为我国依法促进就业和劳动管理树立了一座里程碑，对促进我国的就业保障工作具有重要而深远的意义。

　　针对农民工就业问题，国家采取积极的就业政策，建立社会充分就业的长效机制。从2003年起，企业使用农民工的行政审批程序被相继取缔，专为农民工设置的就业登记制度也被取消，各级地方政府采取多种形式积极开展农民工技能培训，有力地促进了农民工的合理流动。2006年1月，国务院颁布了《关于解决农民工问题的若干意见》，提出了建立和完善农民工就业制度，建立农民工合法权益保障机制，拓宽农民工就业渠道。并提出了针对农民工就业的五项基本原则，有力地解决了农民就业问题，保障了农民工的合法权利。

　　针对大学生就业难问题，国家出台各种方针政策促进大学生就业。建立多层次、多形式的高校毕业生就业制度。鼓励和引导高校毕业生面向农村、面向基层、面向企业就业；鼓励高校毕业生应征入伍。制定切实可行的政策鼓励高校毕业生多渠道就业。对到农村基层和城市社区从事社会管理和公共服务工作的高校毕业生，根据岗位的性质和职责，国家给予不同的政策优惠措施。对到边、老、少、穷地区就业的高校毕业生，考研、参加公务员和事业单位考试的过程中，分别给予一定的政策优待。对到部队去服义务兵役的高校毕业生，实施相应的学费和助学贷款代偿。为大学毕业生创业提供条件。对高校毕业生自主创业的，免收行政事业性收费。自主创业资金不足的，可以按规定申请小额贷款。对高校毕业生创业提供"一条龙"服务。

（三）收入是民生之源，深化收入分配制度改革

1. 改革收入分配制度

改革开放初期，在收入分配领域最核心的政策就是打破平均主义，同时调整分配方式，全面引入经济激励，以充分调动广大劳动者的积极性。在农村推行家庭联产承包责任制，农民的个人收入水平直接取决于其家庭劳动成果。这样的改革措施直接调动了农民扩大再生产和增加农业投入的积极性，而且让农民有了支配自己劳动的自主权，农民不仅可以选择农业生产，而且可以从事多种生产经营活动。在城市，从1984年开始以企业改革为核心的城市经济体制改革。在收入分配方面实行企业工资总额与经济效益相挂钩的方法，同时要求企业搞活内部分配，打破工人吃企业"大锅饭"，企业

吃国家"大锅饭"的局面。企业职工的工资分配形式开始呈现出多样化的格局，出现结构工资制、岗位工资制、岗位技能工资制和浮动工资制等。通过有关分配制度的改革，企业效益得以迅速增长，职工的收入水平也显著增长。

1987年10月，党的十三大报告第一次提出了以按劳分配为主、其他分配方式为补充的分配制度。总的来说，这一时期主要实行的是以追求效率为首要目标的分配政策，客观上有力地调动了广大劳动者的积极性。

2005年的《中共中央关于制定"十一五"规划的建议》提出了合理调节收入分配的总体思路：完善按劳分配为主体、多种分配方式并存的分配制度，坚持各种生产要素按贡献参与分配，着力提高低收入者收入水平，逐步扩大中等收入者比重，有效调节过高收入，规范个人收入分配秩序，努力缓解收入分配差距不断扩大的趋势。注重社会公平，特别要关注就业机会和分配过程的公平，加大调节收入分配的力度，强化对分配结果的监管。在经济发展基础上逐步提高最低生活保障和最低工资标准，认真解决低收入群众的住房、医疗和子女就学等困难问题。建立规范的公务员工资制度和工资管理体制，完善国有企事业单位收入分配规则和监管机制，加强个人收入信息体系建设。

2006年，中共中央专门召开座谈会，就改革收入分配制度和规范收入分配秩序听取社会各界人士的意见。

2007 年的十七大报告在改革收入分配制度的指导思想上有了非常重要的突破，首次提出"初次分配和再分配都要处理好效率和公平的关系，再分配更加注重公平"。并进一步强调，"逐步提高居民收入在国民收入分配中的比重，提高劳动报酬在初次分配中的比重。着力提高低收入者收入，逐步提高扶贫标准和最低工资标准，建立企业职工工资正常增长机制和支付保障机制。创造条件让更多群众拥有财产性收入。保护合法收入，调节过高收入，取缔非法收入。扩大转移支付，强化税收调节，打破经营垄断，创造机会公平，整顿分配秩序，逐步扭转收入分配差距扩大趋势。"[1]

2. 注重"三农"问题

1992 年 12 月，江泽民在《六省农业和农村工作讲话》中强调指出："农业是国民经济的基础，农村稳定是整个社会稳定的基础，农民问题始终是我国革命、建设、改革的根本问题。这是我们党从长期实践中确立的处理农业、农村、农民问题的重要指导思想。"[2] 我国是一个农村人口占大多数的农业大国，重视"三农"问题，搞好农村民生建设，不断提高农民的生活水平是中国特色社会主义民生建设的重要组成

---

① 胡锦涛：《高举中国特色社会主义伟大旗帜 为夺取全面建设小康社会新胜利而奋斗——在中国共产党第十七次全国代表大会上的报告》，人民出版社 2007 年版，第 39 页。

② 《江泽民文选》第一卷，人民出版社 2006 年版，第 258 页。

部分。

1994 年，我国大规模开发式扶贫取得了巨大的阶段性成果，全国范围内，农村绝对贫困人数减少到 8000 万人。在此基础上，为进一步解决农村贫困问题，缩小东西部地区差距，实现共同富裕的目标，党和政府提出并实施《国家"八七"扶贫攻坚计划》。该计划决定：从 1994 年到 2000 年，集中人力、物力、财力，动员社会各界力量，力争用七年左右的时间，基本解决目前全国农村八千万贫困人口的温饱问题，并相应改善其基础设施和文化、卫生的落后状况。

1996 年，党中央、国务院发布了《关于尽快解决农村贫困人口温饱问题的决定》，强调到本世纪末基本解决农村贫困人口的温饱问题，是党中央、国务院既定的战略目标。实现这一目标，意义重大，时间紧迫，任务艰巨。全党同志特别是各级党委和政府的负责同志，必须进一步提高认识，统一思想，下更大的决心，采取更有力的措施，确保如期完成这一伟大的历史任务。

1999 年党中央、国务院根据《国家"八七"扶贫攻坚计划》的实施情况，又作出了《关于进一步加强扶贫开发工作的决定》，强调要充分认识扶贫开发的长期性、复杂性和艰巨性，在完成《国家"八七"扶贫攻坚计划》以后，继续把扶贫开发放在国民经济和社会发展的重要位置，锲而不舍，扎实工作，为实现共同富裕的伟大理想而奋斗。

从 1989 年十三届四中全会到 2002 年的十三年间我国民生建设事业取得了重大的历史性成就。2002 年，国内生产总值突破 10 万亿元大关，达到 102398 亿元。从 1989 年到 2001 年，国内生产总值年均增长 9.3%，农村居民人均纯收入实际增长 62%，城镇居民人均可支配收入实际增加了一倍多，人民生活总体上实现了由温饱到总体小康的历史性跨越。人均个人消费支出增长迅速，一直保持在 7% 至 8% 的年增长率。恩格尔系数则大大降低，到 2001 年农村下降为 47.8%，城市下降为 37.9%。在解决基本生存问题的基础上，人民群众开始更加关注生活质量的提高。与民生密切相关的教育、文化、社会保障、卫生保健事业的发展也取得了显著成效。

2003 年 12 月 31 日，颁布《中共中央国务院关于促进农民增加收入若干政策的意见》，要求调整农业结构，扩大农民就业，加快科技进步，深化农村改革。

2005 年 1 月 30 日，颁布《中共中央国务院关于进一步加强农村工作　提高农业综合生产能力若干政策的意见》，要求稳定、完善和强化各项支农政策，切实加强农业综合生产能力建设，继续调整农业和农村经济结构，进一步深化农村改革。10 月，中共十六届五中全会提出了"建设社会主义新农村"的战略任务，确定了农村发展战略目标和任务。

2006 年 2 月 21 日，颁布《中共中央国务院关于积极发展现代农业　扎实推进社会主义新农村建设的若干意见》，要求完善强化支农政策，加强基础设施建设，加强农村民主政治建设和精神文明建设，加快社会事业发展，推进农村综合改革，促进农民持续增收，确保社会主义新农村建设有良好开局。同年，取消农业税，结束了种田交税的历史。

2007 年 1 月 29 日，颁布《中共中央国务院关于推进社会主义新农村建设的若干意见》，提出用现代物质条件装备农业，用现代科学技术改造农业，用现代产业体系提升农业，用现代经营形式推进农业，用现代发展理念引领农业，用培养新型农民发展农业。中共十七大报告指出："要加强农业基础地位，走中国特色农业现代化道路，建立以工促农、以城带乡长效机制，形成城乡经济社会发展一体化新格局。"① 中国农业转型进入新的历史阶段，开始了"以解放农民、转移农民、减少农民为主题的第七次农业制度改革"。②

2008 年 1 月 30 日，颁布《中共中央国务院关于切实加强农业基础建设　进一步促进农业发展农民增收的若干意见》，提出要走中国特色农业现代化道路，建立以工促农、以城带乡长效机制，形成城乡经济社会发展一体化新格局。10 月，十七届三中全会通过了《中共中央、关于推进农村改革发展

① 胡锦涛:《高举中国特色社会主义伟大旗帜　为夺取全面建设小康社会新胜利而奋斗——在中国共产党第十七次全国代表大会上的报告》，人民出版社 2007 年版，第 23 页。

② 胡鞍钢:《中国：民生与发展》，中国经济出版社 2008 年版，第 24 页。

若干重大问题的决定》。全会以紧抓农村体制改革的重要领域和关键环节为核心，重点部署了六大制度建设，即：稳定和完善农村基本经营制度，健全严格规范的农村土地管理制度，完善农业支持保护制度，建立现代农村金融制度，建立促进城乡经济社会发展一体化制度，健全农村民主管理制度。这些政策措施规划了农村的发展方向和目标、推动了中国特色农业现代化进程。这些政策促进了农民收入持续稳定增加，改善了农民生活水平。

（四）就医是民生之急，建立完善医疗保障制度

1. 进一步完善了城镇职工基本医疗保险制度

2003年5月劳动和社会保障部出台了《关于城镇职工灵活就业人员参加医疗保险的指导意见》，2004年5月又出台了《关于推进混合所有制企业和非公有制经济组织从业人员参加医疗保险的意见》，将灵活就业人员、混合所有制企业和非公有制经济组织从业人员纳入医疗保险范围。

从2006年开始，农民工的医疗保障开始引起广泛关注，2006年3月27日国务院发布了《国务院关于解决农民工问题的若干意见》，提出要积极稳妥解决农民工的社会保障问题。2006年5月，劳动和社会保障部发布了《关于开展农民工参加医疗保险专项扩面行动的通知》，提出："以省会城市和大中城市为重点，以农民工比较集中的加工制造业、建筑业、

采掘业和服务业等行业为重点，以与城镇用人单位建立劳动
关系的农民工为重点，全面推进农民工参加医疗保险，争取
2006 年农民工参加医疗保险的人数突破 2000 万。"① 经过几
年的逐步完善和发展，目前我国城镇职工医疗保险制度在覆
盖面和保障机制方面都取得了很大进步，不但将城镇医疗保
障制度的覆盖对象从公有制部门扩展到所有城镇部门，而且
建立起了由国家、雇主和职工共同分担，责任清晰的医疗费
用分担机制。

2. 建立了城镇居民基本医疗保险制度

在逐步建立并完善城镇职工医疗保险制度的基础上，政
府又开始关注包括不属于城镇职工基本医疗保险覆盖范围的
中小学阶段学生（包括职业高中、中专、技校学生）、少年
儿童和其他非从业城镇居民在内的医疗保障问题。从 2004 年
下半年开始探讨建立城镇居民医疗保障制度，2005 年进行了
为期一年的方案研究设计工作。2006 年党的十六届六中全会
通过的《中共中央关于构建社会主义和谐社会若干重大问题
的决定》，明确提出了"建立以大病统筹为主的城镇居民医
疗保险"②。2007 年 4 月，国务院总理温家宝在国务院常务会

---

① 刘声：《劳动保障部力争今年农民工参保人数突破两千万》，见
http://news.sina.com.cn/c/2006-05-25/08419021614s.shtml。

② 中共中央文献研究室：《深入学习实践科学发展观活动领导干部学
习文件选编》，中央文献出版社 2008 年版，第 241 页。

议上，明确 2007 年将在有条件的省份选择一两个市，进行建立以大病统筹为主的城镇居民基本医疗保险制度的试点。目前，建立以大病统筹为主的城镇居民基本医疗保险制度的工作开始在全国很多地方开展。至此，在我国的城镇地区正逐步实现"人人享有医疗保障"的目标。

3. 建立了新型农村合作医疗制度并取得显著成效

为尽快解决老的农村合作医疗制度逐渐萎缩所带来的农村医疗保障制度确实的问题，开始致力于建立新型农村合作医疗制度。根据 2002 年 10 月中共中央、国务院发布的《中共中央、国务院关于进一步加强农村卫生工作的决定》明确提出的 "建立以大病统筹为主的新型合作医疗制度和医疗救助制度，使农民人人享有初级卫生保健"① 的要求，2003 年 1 月国务院办公厅转发了卫生部、财政部和农业部的《关于建立新型农村合作医疗制度的意见》，其中要求："从 2003 年起，各省、自治区、直辖市至少要选择 2—3 个县（市）先行试点，取得经验后逐步推开。到 2010 年，实现在全国建立基本覆盖农村居民的新型农村合作医疗制度的目标，减轻农民因疾病带来的经济负担，提高农民健康水平。"②

---

① 《中共中央、国务院关于进一步加强农村卫生工作的决定》，《人民日报》2002 年 10 月 30 日。

② 《国务院办公厅转发卫生部等部门〈关于建立新型农村合作医疗制度的意见〉的通知》，见 http://www.blws.gov.cn/show-of.asp?nid＝359。

2006 年 1 月 10 日，卫生部、国家发展和改革委员会、民政部、财政部、农业部、国家食品药品监督管理局、国家中医药局等 7 部委局联合下发《关于加快推进新型农村合作医疗试点工作的通知》。该通知在充分肯定了新型农村合作医疗试点工作的基础上，明确提出："各省（区、市）要在认真总结试点经验的基础上，加大工作力度，完善相关政策，扩大新型农村合作医疗试点。2006 年，使全国试点县（市、区）数量达到全国县（市、区）总数的 40% 左右；2007 年扩大到 60% 左右；2008 年在全国基本推行；2010 年实现新型农村合作医疗制度基本覆盖农村居民的目标。"① 该通知还提高了中央和地方财政对参加新型农村合作医疗的农民的补助标准，提出："从 2006 年起，中央财政对中西部地区除市区以外的参加新型农村合作医疗的农民由每人每年补助 10 元提高到 20 元，地方财政也要相应增加 10 元。"② 在党和政府的关注下，新型农村合作医疗制度已获得了较大的成效，覆盖面逐步扩大。有关部门的数据显示，截至 2007 年年底，全国开展新型合作医疗的县（市、区）达 2448 个，参合农民 7.3 亿人，参

---

① 卫生部等:《关于加快推进新型农村合作医疗试点工作的通知》，《中华人民共和国卫生部公报》2006 年第 2 期。

② 《关于加快推进新型农村合作医疗试点工作的通知》，见 http://www.med66.com/html/2006/2/li420820342012260027560.html。

合率高达 86.0%。① 实践证明，新型农民合作医疗在很大程度上保障了农民的卫生健康，减轻了农民的经济负担，有效地缓解、遏制了农村居民"因病致贫、因病返贫"的势头，使广大农民深切感受到了党和政府的关怀；体现了我们党执政为民的崇高理念，树立和提升了党和政府踏实为民办事的形象；实现了制度创新，带动、促进了农村卫生事业的整体发展。

（五）社保是民生之盾，深化社会保障制度改革

1. 重视完善社会保障体系

1990 年 12 月党的十三届七中全会通过的《中共中央关于制定国民经济和社会发展十年规划和"八五"计划的建议》提出了逐步完善社会保障体系的任务。

1992 年 10 月，江泽民在党的十四大报告中指出："要深化分配制度和社会保障制度的改革。"

1995 年 9 月党的十四届五中全会通过的《中共中央关于制定国民经济和社会发展"九五"计划和二〇一〇远景目标的建议》提出了建立健全适合我国国情的社会保障体系的历史任务。

---

① 邹东涛主编：《发展和改革蓝皮书》，社会科学文献出版社 2008 年版，第 686 页。

1997 年 9 月，江泽民在党的十五大报告中提出："建立社会保障体系，实行社会统筹和个人账户相结合的养老、医疗保险制度，完善失业保险和社会救济制度，提供最基本的社会保障。"①

2000 年 10 月，党的十五届五中全会通过的《中共中央关于制定国民经济和社会发展第十个五年计划的建议》提出了完善社会保障体系的总目标和主要任务。

2002 年党的十六大报告明确提出了"健全社会保障体系"的任务。江泽民在报告中指出："建立健全同经济发展水平相适应的社会保障体系，是社会稳定和国家长治久安的重要保证。坚持社会统筹和个人账户相结合，完善城镇职工基本养老保险制度和基本医疗保险制度。健全失业保险制度和城市居民最低生活保障制度。多渠道筹集和积累社会保障基金。各地要根据实际情况合理确定社会保障的标准和水平。发展城乡社会救济和社会福利事业。有条件的地方，探索建立农村养老、医疗保险和最低生活保障制度。"

2002 年以来，政府深入开展社会保险社会化管理服务建设，截至 2005 年年底，绝大多数企业退休人员已经纳入了社区管理的范围。与此同时，城市街道社区都相继建立了劳动保障工作平台，扩大了社会保障服务职能的范围，使其进一

---

① 《坚持改革开放和现代化建设步伐　夺取有中国特色社会主义的更大胜利》，人民出版社 1997 年版，第 28 页。

步深入基层。各级政府不断加强劳动保障信息系统工程建设，提升了社会保险服务水平，使企业的社会事务负担得以减轻，使参保人员享受到了优质高效的服务。

自 2003 年起，上海、浙江、江苏等省市开始以地方法规的形式，用一部分征地补偿费为被征地农民建立了相对独立的基本生活保障制度，主要采取了社会保险模式和小城镇保险模式。

2006 年，国务院办公厅下发了《关于做好被征地农民就业培训和社会保障工作指导意见》，明确了做好被征地农民社会保障工作的基本原则。

2. "老有所养"，建立完善基本养老保险制度

（1）进一步发展和完善了城镇职工基本养老保险制度

我国于 1986 年开始对养老保险制度的改革进行新一轮的探索，开始尝试在养老保险费缴纳中引入了个人缴费制度。

1991 年我国明确提出要建立由基本养老保险、企业补充养老保险和职工个人储蓄性养老保险相结合的多层次养老保险体系。

1993 年党的十四届三中全会进一步明确提出养老保险实行社会统筹与个人账户相结合的原则。

1997 年 7 月，国务院发布《关于建立统一的企业职工基本养老保险制度的决定》，提出要在 1998 年年底之前，在全国范围内实行统一的养老保险制度。这标志着我国养老保险

制度改革迈上了一个新的台阶。后来，国务院又多次发布决定，不断改革和完善城镇职工基本养老保险制度。

2005 年，国务院发布了《关于完善企业职工基本养老保险制度的决定》，从以下几个方面进一步发展和完善了城镇基本养老保险制度：

一是确保基本养老金按时足额发放。《决定》继续把确保企业离退休人员基本养老金按时足额发放作为首要任务，进一步完善各项政策和工作机制，确保离退休人员基本养老金按时足额发放，不得发生新的基本养老金拖欠，切实保障离退休人员的合法权益。

二是扩大了城镇职工基本养老保险的覆盖范围。《决定》要求城镇各类企业职工、个体工商户和灵活就业人员都要参加企业职工基本养老保险。当前及今后一个时期，要以非公有制企业、城镇个体工商户和灵活就业人员参保工作为重点，扩大基本养老保险覆盖范围。

三是逐步做实个人账户，完善社会统筹与个人账户相结合的基本制度。《决定》指出，做实个人账户，积累基本养老保险基金，是应对人口老龄化的重要举措，也是实现企业职工基本养老保险制度可持续发展的重要保证。为与做实个人账户相衔接，从 2006 年 1 月 1 日起，个人账户的规模统一由本人缴费工资的 11% 调整为 8%。同时，规定改革后的城镇企业职工基本养老保险的缴费总比例为 28% 左右，个体工商户和灵活就业人员的缴费比例统一规定为 20%。对下岗失业人员灵活就业后参加社会保险的，给予一定数额的社会保险补贴。

四是建立基本养老金正常调整机制。《决定》要求，国务院要根据职工工资和物价变动等情况适时调整企业退休人员基本养老金水平，调整幅度为省、自治区、直辖市当地企业在岗职工平均工资年增长率的一定比例。

另外，《决定》还就进一步加强基本养老保险基金征缴与监管，加快提高统筹层次，发展企业年金，做好退休人员社会化管理服务工作，不断提高社会保险管理服务水平等多个方面进行了发展和完善。该《决定》在我国养老保险制度改革中具有很重要的地位，它标志着我国初步形成了城镇职工基本养老保险的制度模式，有效地促进我国城镇职工基本养老保险事业的发展与完善。截至 2007 年年底，城镇参加企业基本养老保险覆盖率达到 71.2%。

2007 年，全国参加城镇基本养老保险人数为 20137 万人，比上年年末增加 1371 万人。其中，参保职工 15183 万人，参保离退休人员 4954 万人，分别比上年年末增加 1052 万人和319 万人。在覆盖范围不断扩大的同时，养老金的发放标准也有明显提高。从 1998 年至 2007 年，参加基本养老保险（包括机关事业单位参加养老保险改革试点的 1910 万人）的离退休人员从 2727 万人增加到 4954 万人，基本养老金发放金额由 1512 亿元增加到 5965 亿元，月人均养老金水平从 413元增加到 963 元。①

（2）积极致力于农村养老保险制度的改革与发展

农村社会养老保险工作是从 1986 年开始探索，并在 1991年进行试点的基础上逐步展开的。

1998 年由于政府机构改革，农村社会养老保险由民政部门移交给劳动和社会保障部门。这个阶段由于多种因素的影响，全国大部分地区农村社会养老保险工作出现了参保人数下降、基金规模萎缩等现象，一些地区农村社会养老保险工作甚至陷入停顿状态。面对这种情况，党和政府在《中共中央、国务院关于推进社会主义新农村建设的若干意见》和国家"十一五"规划纲要中，都把建立农村社会养老保险制度作为推进社会主义新农村建设的重要内容。

2004 年，政府开始对农村部分计划生育家庭实行奖励扶助制度的试点：农村只有一个子女或两个女孩的计划生育夫妇，每人从年满 60 周岁起享受年均不低于 600 元的奖励扶助金，直到亡故为止。奖励扶助金由中央和地方政府共同负担。②

---

① 丁宁宁、葛延风主编：《构建和谐社会 30 年社会政策聚焦》，中国发展出版社 2008 年版，第 199—200 页。

② 丁宁宁、葛延风主编：《构建和谐社会 30 年社会政策聚焦》，中国发展出版社 2008 年版，第 198 页。

2006 年，国务院办公厅下发了《关于做好被征地农民就业培训和社会保障工作指导意见》，明确了做好被征地农民社会保障工作的基本原则，要求各地根据本地的实际情况，为被征地农民提供必要的养老保障，并要求被征地农民的养老保障水平应不低于当地最低生活保障标准。

2006 年 3 月，国务院发布《关于解决农民工问题的若干意见》要求："根据农民工最紧迫的社会保障需求，坚持分类指导、稳步推进，优先解决工伤保险和大病医疗保障问题，逐步解决养老保障问题。"该意见还要求："探索适合农民工特点的养老保险办法。抓紧研究低费率、广覆盖、可转移，并能够与现行的养老保险制度衔接的农民工养老保险办法。有条件的地方，可直接将稳定就业的农民工纳入城镇职工基本养老保险。已经参加城镇职工基本养老保险的农民工，用人单位要继续为其缴费。劳动保障部门要抓紧制定农民工养老保险关系异地转移与接续的办法。"①

2006 年 4 月，劳动和社会保障部又颁布《关于贯彻落实国务院关于解决农民工问题的若干意见的实施意见》。

2007 年 8 月，劳动和社会保障部、民政部、审计署联合发布《关于做好农村社会养老保险和被征地农民社会保障工作有关问题的通知》，要求各地要根据国务院关于做好被征地

---

① 国务院：《关于解决农民工问题的若干意见》，见 http://www.gov.cn/jrzg/2006-03/27/content_ 237644.htm。

农民社会保障工作一系列政策规定的要求，做好被征地农民的养老保障工作。

2009 年 2 月，人力资源和社会保障部公布了《农民工参加基本养老保险办法》，并公开向社会征求修改意见。《农民工参加基本养老保险办法》的出台，标志着有关农民工养老保险政策的讨论有了一个明确的结果，标志着农民工养老保险政策的制度框架基本确定，接下来将进入政策的进一步完善和具体实施阶段。

2009 年 9 月 4 日，国务院办公厅发布《国务院关于开展新型农村社会养老保险试点的指导意见》，决定从 2009 年起开展新型农村社会养老保险试点，并预计在 2020 年之前基本实现对农村适龄居民的全覆盖。

（六）住房是民生之需，保障人民"住有所居"

1. 进一步完善了住房公积金制度

1991 年，上海市为了解决住房困难，学习新加坡成功解决住房问题的经验，率先进行了住房公积金制度的试点。1992 年，北京、天津等城市相继开始了住房公积金制度的试点。1996 年，国务院办公厅发布《国务院住房制度改革领导小组关于加强住房公积金管理的意见》，明确提出了全面推行住房公积金制度。

1999 年 4 月 3 日，国务院第 262 号令公布了《住房公积金管理条例》，标志着我国住房公积金制度进入规范化、制度化、法制化的轨道。

2002 年，国务院第 350 号令《住房公积金管理条例》进行了修订。

2005 年，建设部、财政部、中国人民银行联合发布了《关于住房公积金管理若干具体问题的指导意见》，从以下几个方面对公积金制度进行了进一步的完善：

一是进一步扩大了公积金制度的覆盖范围。《意见》要求有条件的地方，城镇单位聘用进城务工人员，单位和职工可缴存住房公积金；城镇个体工商户、自由职业人员可申请缴存住房公积金，月缴存额的工资基数按照缴存人上一年度月平均纳税收入计算。

二是进一步规范了住房公积金的缴存比例和月工资基数。《意见》规定单位和职工缴存比例不应低于 5%，原则上不高于 12%。采取提高单位住房公积金缴存比例方式发放职工住房补贴的，应当在个人账户中予以注明。未按照规定程序报省、自治区、直辖市人民政府批准的住房公积金缴存比例，应予以纠正。缴存住房公积金的月工资基数，原则上不应超过职工工作地所在城市统计部门公布的上一年度职工月平均工资的 2 倍或 3 倍。具体标准由各地根据实际情况确定。职工月平均工资应按国家统计局规定列入工资总额统计的项目计算。

三是强化了单位在住房公积金缴存方面的责任。单位发生合并、分立、撤消、破产、解散或者改制等情形的，应当为职工补缴以前欠缴（包括未缴和少缴）的住房公积金。单位合并、分立和改制时无力补缴住房公积金的，应当明确住房公积金缴存责任主体，才能办理合并、分立和改制等有关事项。新设立的单位，应当按照规定及时办理住房公积金缴存手续。

四是进一步加强在公积金贷款中个人权益的保障。职工使用个人住房贷款（包括商业性贷款和住房公积金贷款）的，职工本人及其配偶可按规定提取住房公积金账户内的余额，用于偿还贷款本息。进城务工人员、城镇个体工商户和自由职业人员购买自住住房时，可按规定申请住房公积金贷款。公积金制度建立以来，在促进我国住房制度改革和提高城镇职工的居住水平方面都发挥了很大的作用。截至 2005 年年底，全国住房公积金缴存总额 9759.5 亿元，缴存余额 6259.5 亿元，累计为 523.5 万户职工发放个人住房贷款 4599 亿元。[①]

2. 进一步完善了经济适用房制度

1991 年，国务院颁布了《关于继续积极稳妥地进行城镇制度改革的通知》，明确提出 "大力发展经济适用的商品房，优先解决无房户和住房困难户的住房问题"，这是对经济适用

---

① 丁宁宁、葛延风主编：《构建和谐社会 30 年社会政策聚焦》，中国发展出版社 2008 年版，第 287 页。

房的第一次完整表述。

1998年7月，国家建设部、国家发展计划委员会、国土资源部在总结以往经验和征求社会意见的基础上发布了《关于大力发展经济适用房的若干意见》。同年8月又发布了《关于进一步加快经济适用住房（安居工程）建设有关问题的通知》，这些政策文件明确了经济适用房的各项政策、改革内容、改革方向和具体措施。

2003年8月国务院发布了《国务院关于促进房地产市场持续健康发展的通知》，明确了经济适用房的社会保障性及建设管理办法，经济适用房得以迅速发展。经济适用房在很大程度上解决了中低收入者的住房问题，促进了住房公平和社会稳定，而且在一定程度上促进了住房制度的改革，优化了房地产市场的供应结构。

2007年8月1日国务院印发《国务院关于解决城市低收入家庭住房困难的若干意见》，要求进一步改进和规范经济适用房制度。2007年11月19日建设部发布《经济适用房管理办法》，将经济适用房住房供应对象从住房困难的中低收入家庭调整为低收入家庭。经济适用房建设用地实行行政划拨，免收土地出让金及行政事业性收费和政府性基金。对经济适用房面积、转让等也进行了比较明确的规定。①

---

① 丁宁宁、葛延风主编：《构建和谐社会30年社会政策聚焦》，中国发展出版社2008年版，第291—292页。

3. 进一步完善了廉租房制度

1998 年《国务院关于进一步深化城镇住房制度改革，加快住房建设的通知》中规定廉租房是我国住房供应体系的一个重要组成部分，明确提出"最低收入家庭租赁由政府或单位提供的廉租住房"。

1999 年，为了切实解决城镇最低收入家庭的住房问题，建设部发布《城市廉租住房管理办法》，对廉租房的房源、廉租房租金标准、廉租房建设和廉租房的申请程序问题予以明确的规定。

2003 年 11 月 15 日建设部第 22 次常务会议又审议通过了《城镇最低收入家庭廉租住房管理办法》。

2004 年建设部、财政部、民政部、国土资源部、国家税务总局五部委联合发布了《城镇最低收入家庭廉租住房管理办法》，明确以财政预算安排为主、多渠道筹措廉租住房资金的原则，以发放住房租赁补贴为主要保障方式和享受廉租住房的家庭人均住房保障面积标准原则上不超过当地人均住房面积的 60% 的规定。

2007 年 8 月 1 日国务院印发《国务院关于解决城市低收入家庭住房困难的若干意见》，要求进一步健全城市廉租房制度。

2007 年 10 月 31 日财政部发布《廉租住房保障资金管理办法》，对廉租住房保障资金的来源作出了明确规定。

2007 年 11 月 8 日建设部发布《廉租住房保障办法》，对廉租住房的保障对象、保障方式、保障标准等方面做了更为明确、更为合理的规定。建设部还明确要求，全国所有市县在 2008 年年底前必须建立"廉租房"制度。

据有关统计显示，到 2005 年年底，全国有 221 个地级以上城市建立了廉租房制度（占全国地级以上城市的 75.9%），累计有 32.9 万户最低收入家庭被纳入廉租房的保障范围。①

改革开放三十多年来，中国取得了举世瞩目的快速发展，民生也得到了极大的改善。但是，我们也要看到，由于人口基数大，与西方发达国家相比，在民生方面我们还有差距。这需要我们进一步地深化改革，逐步缩小差距，以实现强国富民的中国梦。

---

① 丁宁宁、葛延风主编：《构建和谐社会 30 年社会政策聚焦》，中国发展出版社 2008 年版，第 198 页。

第六章　中国香港、中国澳门、
中国台湾的民生

一、中国香港、中国澳门民生的发展与实践

（一）中国香港民生

中国香港的民生通过其完善的社会福利制度来保障。中国香港社会福利制度主要内容包括社会保障及救济制度、社会服务制度、教育及医疗保障制度、公房廉租制度。

1. 社会保障及救济制度

中国香港民众享有的社会保障和救济种类，主要包括：

（1）老年保障方面，政府公务员享有长俸（或年积金）、恩俸等。一些私营公司和社会公用事业机构的雇员享有公积金或年积金。

（2）在失业保障方面，雇员主要享有长期服务金或遣散费，破产欠薪保障，部分雇员享有公积金或年积金，被解雇时可领取；政府公务员被辞退时，亦可领年积金。

（3）在工伤保障方面，雇员主要享有工伤死亡赔偿、伤残赔偿和职业病赔偿。

（4）在医疗保障方面，雇员主要享有疾病假期和医疗津贴。

（5）在生育保障方面，女性雇员主要享有分娩假期和分娩期工资。

（6）在福利方面，雇员主要享有有薪假期。政府公务员及一些社会公用事业机构人员还享有房屋津贴、子女受教育津贴等。

（7）在收入保障方面，凡收入低于公共援助计划厘定标准的个人或家庭，可获得包括基本援助金，长期个案援助金，老人补助金，伤残补助金等公共援助的现金补贴。

（8）在灾害保障方面，灾民可享受现金援助和物资援助，包括丧葬补助、死亡补助、伤残补助、受伤补助和临时补助、提供急需食品和必要的生活用品和临时住所等。

（9）在暴力及执法伤亡保障方面，凡遭受暴力罪行或因执法而意外伤亡的人士及死者家属，均可享受现金赔偿。

（10）在交通意外伤亡保障方面，凡因交通意外伤亡的人士及死者家属，均可享有援助金。

2. 社会服务制度

中国香港民众所享有的社会福利的服务种类主要包括：

（1）老年人服务。其内容和方式包括老年活动中心、老年综合服务中心、老年日间护理中心、家务助理服务、老年户外康乐巴士服务、老年度假中心、义务工作计划、老年义工计划、老年社区网络计划、老年卡计划、护理安老院、安老院、护养院、老年宿舍、疗养院照顾补助金、临时居所、老年住房以及私营安老院等。在老年社区服务方面，全香港有老年活动中心 260 多间，老年综合服务中心 28 间，老年家务助理队 120 多个。此外，高龄人士可享有高龄津贴。

（2）残疾人服务。其内容和方式包括展能中心、庇护工场、辅助就业、康复服务市场顾问、社区康复网络、残疾幼儿照顾及训练、家居训练、社交及康乐服务、辅助医疗服务、住宿照顾、特别交通服务。此外，伤残、弱智人士可享有伤残津贴，政府和志愿机构对他们还提供包括教育和训练、职业康复、医疗、日间照顾等社会服务。

（3）儿童服务。中国香港的儿童服务均统一由社会福利署负责，服务内容和方式包括保护儿童服务、监护儿童服务、儿童住宿照顾服务、寄养服务、领养服务、幼儿中心服务、暂托幼儿服务、幼儿中心缴费资助计划等。对残疾儿童设有"早期教育及训练中心"和"特殊幼儿中心"。对缺乏正常家庭环境的儿童提供的服务则包括：为儿童提供住宿服务；社会福利署的"寄养服务课"及民间机构安排孤儿到认可的家庭进行寄养，由社会福利署的"儿童领养课"审批领养儿童申请，并进行追踪监督。此外，社会福利署还设有"保护儿童课"和"监护儿童事务课",负责由于父母离婚、家庭暴力等原因导致的儿童保护和服务。

（4）青少年服务。青少年是中国香港社会福利服务所关注的重要群体,其目的在于帮助他们健康成长。服务的内容和方式包括青年事务办事处、儿童及青年中心、学校社会工作服务、外展社会工作服务、综合服务队以及为青少年举办的专项活动。全香港设有200多个青少年中心,为青少年提供指导、辅导和援助服务,还为一些处境较为特殊的青少年提供专业的社会工作个案服务。

（5）家庭服务。家庭服务的内容和方式包括家务助理服务、家务指导服务、受虐待妇女住宿服务、临床心理服务、热线电话服务、家庭生活教育、体恤性住房安置、给予床位住客服务、露宿者服务、家居照顾示范及资源中心、医务社会服务以及禁毒服务等。

3. 教育及医疗保障制度

（1）教育保障。首先,中国香港推行九年强迫免费教育。香港法律规定:在政府为每一适龄学童提供学位条件下,每一儿童的家长都承担其子女入学接受文化教育的义务。从1971年开始,中国香港政府实行小学全部免费教育,1978年9月开始,又为所有小学毕业生提供初中学位,并在大部分官立及资助中学取消了初中各级的堂费及类似的费用,从而实现普及的初中教育。有的学校还提供学童交通车及免费午餐的服务。其次，政府的财政预算把教育列为优先考虑的一个项目。教育经费自 1975—2004 年平均占财政预算的 17%，教育开支占中国香港本地生产总值比重平均为 3%，教育经费开支的比例，已接近甚至超过加拿大、英国、澳大利亚和瑞士等发达国家水平。第三，注意应用技术类教育和成人职业教育。为了适应工商界的要求，港府注意发展各种类型的工业技术教育，以培养技术员及技工。在政府夜学部等多个机构推动下，现每年中国香港有 50 万人报读各种成人职业技术教育课程，他们都得到政府的资助。

（2）医疗保障。中国香港社会的医疗卫生服务，是中国香港社会福利的主要项目之一。港府为了配合社会经济发展的需要，逐步改善对市民的医疗卫生服务，在增加医疗机构的同时，注意扩充设备，提高防病治病的水平，使医疗卫生事业走向普及和现代化。医务卫生署在 1977 年开始实施医疗服务分区化，把全港分为 5 个区，并分设 5 所区域性中心医院作为该区医疗服务的总枢纽和联络中心，配以地区医院、普通诊所和专科诊所，组成综合的区域医疗服务网。中国香港市民只要持身份证，缴付低微的费用，便可获得政府医院和政府补助医院的医疗服务，一般收入低下的居民，及一些中等收入的市民大都在这两类福利性医院就诊。

4. 公房廉租制度

中国香港地窄人稠，住房问题凸显。20 世纪 70 年代，港府成立房屋委员会，统筹公屋规划、建设和管理，同时订下"十年建屋计划"（后改为四年建屋计划），标志着有计划兴建新型公共屋村的新时期开始。到 80 年代，港府推进"居者有其屋"计划，采取以房委会建房为主，与私人机构参与居屋计划相结合的方式，加速了公屋建设。1980 年起，每年建成公屋单位 3 万个以上，以低于市价 30％左右出售给公屋租户或收入有限的家庭。1988 年港府正式提出长远房屋策略白皮书，这是香港政府解决居民住房问题的长期计划。其原则是确保所有家庭在其自身能够负担的楼价和租金范围内，都能够买或租用适当的住所。公房这一住房形式成为香港社会的一项重要福利措施之一。由于申请人住公房，购买居屋，都需具备严格的审查条件，特别是家庭人口及收入限额条件，所以，能够保证中下层居民享受这一福利措施。一旦家庭成员各方面条件发生变化，特别是家庭收入超过限额数目，就要被迁出公房，走自置居所、购买居屋或按市值价交租金或自行置业之路。

中国香港民生发展之路有其自身的特点，特别是中国香港回归祖国后，背靠内地的支持，其发展之路是宽广的。所以，中国香港要防止一些杂音、防止有些人的破坏捣乱、防止政局动荡，按照中央的部署搞好政改，才能保持稳定的发展。

（二）中国澳门民生

中国澳门保障民生的方式主要通过两大系统实现——社会保障系统和社会工作系统。

1. 社会保障系统

社会保障系统可说是一种供款式及强迫性的社会保险。其目的是提供受雇于他人的劳工以民生保障，其方式是通过设立社会保障基金，在劳工年老、伤残、生病及失业时提供保障。

基金的主要财政来源是劳工及雇主的供款，再加上政府每年从本地区预算所转拨的 1%，和本身资产及投资收益。所以基金可说是由劳工、雇主及政府三方面共同承担。在 1994 年年底，基金的结存为 3.5 亿澳门元。

据 1993 年 10 月 18 日第 96/GM/93 号批示，劳工须在基金会登录方为受益人，而雇主亦须登录为供款人。目前劳工之每月供款为 10 澳门元，而雇主则须为其本地劳工每名每月供款 20 澳门元，为其非本地劳工每名每月供款 30 澳门元。所以供款的总额为相关的 30 澳门元及 40 澳门元。1994 年，基金共收到供款为 3900 万澳门元，而 1995 年则有 4059 万澳门元。

1994 年，受益人的登录总数为 157938 名，标示着全澳大部分的劳工都在社会保障基金会作了登记，而只有少部分的散工及临时工人，由于工作的特殊性，雇主的不确定性，使供款出现技术性问题，仍须政府及劳、雇三方协调解决。同年，供款人的登记总数约 8500 名。

现时经由社会保障基金发放的津贴情况如下：

（1）养老金：发放对象为年满 65 岁，居住本澳满 7 年及供款满 60 个月的受益人，故在 1995 年 1 月起即基金会成立的 5 周年之时始有发放。1995 年的津贴金额为 800 澳门元，1996 年 1 月则调升至 1000 澳门元。养老金无论在受领人数或支付的金额将占很大的比例，故保障的范围很广。1995 年的受领人均数为每月 1300 多名，而支付的金额总计为 1770 多万澳门元，而 1996 年则预计将支出 2700 多万澳门元。

（2）残疾恤金：发放对象为年满 18 岁，住满本澳 7 年，供款满 36 个月，并经基金健康委员会认定为完全不能从事任何工作的受益人。从 1996 年 1 月起，津贴金额将由 800 澳门元调升至 1000 澳门元。此津贴自 1993 年 7 月始生效，该年受领的人数仅 12 人，自 1994 年由于受益人已符合供款月款的规定及在宣传下，受领人数升至 80 人，1995 年升为 118 名。在 1995 年共支出 150 多万澳门元。

（3）社会救济金：由于 1993 年的社会保障基金新法例始设立，其与养老金及残疾恤金不同之处是它并不取决于受益人的供款。此津贴是发放予由于社工司证明生活贫困，需帮助而又不是必需供款月数的人士。同时对于已工作满三年的社会救济金申请人，亦享有同种福利。自 1994 年 7 月至今，津贴仍维持为 430 澳门元，受惠人数现已超过每月 4500 名，1995 年基金会在这方面的支出为 2300 多万澳门元。如果受领人经调查证实其救济金额不足以应付基本生活需要时，童工司亦会向其发放补充金。1996 年起补充金由原来的 370 澳门元升为 570 澳门元，故与基金会所发放的 430 澳门元合计为 1000 澳门元。1995 年社工司向其中的 1880 名受领人发放了补充金共 800 万澳门元。

（4）失业津贴：主要给予供款于社会保障基金会的受益人。只要他们处于非自愿的失业情况超过 15 天，并经劳工暨就业司登记证明及在申请前 12 个月内有工作及支付供款者均可申请。津贴金额现由以往的每月定额式改为按日计。自 1996 年 1 月起每日之津贴金额为 60 澳门元，相等于每月 1800 澳门元。1994 年则仅为 35 澳门元，只有 99 名失业工人受益，支出为 9.3 万多澳门元。而 1995 年则上升为 714 名，支出达 60 多万澳门元。

（5）疾病津贴：所有供款的受益人，若在患病之季度前 12 个月中之 9 个月已向基金会供款及在患病期间未从事任何有报酬活动，可申请疾病津贴。这种津贴分两类别：一为住院，另一为非住院。对住院的津贴受益人每年最多只可收取 180 天及每天 55 澳门元的津贴，而非住院者则为每天 40 澳门元，最多每年收取 30 天。

（6）丧葬津贴：津贴金额为 1000 澳门元。主要资助去世的受益人或补助金受领人的殓葬费用。1994 年只有 48 人申领，经宣传后 1995 年则有 127 人申领。

（7）因肺尘埃沉着病之给付及因劳雇关系中而生之债权的给付：这些给付之发放一般是由劳工审查组提出控诉，再按法院之判决来确定的。其发放金额亦依法院的判决。1994 年这两种津贴只有三宗个案，1995 年则升为 57 宗，共发放津贴 45 万澳门元。

（8）额外给付：自 1994 年起，所有收取养老金及残疾恤金、救济金及各种补助金之补充给付受领人均可于每年一月份领取相等于月补助金的额外津贴，并与补助金一起领取。

（9）出生津贴及结婚津贴：具体条文仍在制订中。

总的来说，基金会在 1994 年发放各类津贴共 2400 万澳门元，而 1995 年有 4070 多万澳门元。上升幅度为 70%。显示了保障系统对受益人的日渐普及及作用。

2. 社会工作系统

社会工作系统亦可说是一种非供款式的社会救济系统。首先社会工作的宗旨是为了通过提供金钱及物质援助的方式，或技术的支持，向有经济困难的个人及团体提供社会援助；同时亦要推广个人和社会福利事业，并进行小区发展工作。而社会工作的原则是要遵从平等、有效、互助及参与的特性，即是在这体制下进行的社会援助及服务，不因对象的性别及种族的不同而有歧视；并要适当地提供援助金额及服务，以达致预防及满足新问题的出现及改善生活的必需条件；推动及鼓励小区负起责任来实现社会福利的宗旨；同时亦鼓励有关人士负起制定、计划及管理此系统，跟进及评估其运作的责任。

按 1986 年 11 月 17 日第 52/86/M 号法令，明定了社会工作的宗旨及原则。在这法令下，制定了社会工作司的架构及工作领域。其主要工作包括：对个人及家庭提供援助，提供对贫困人士的社会援助及有问题的个人及家庭个案辅导服务。以现金津贴的方式，对不符合社会保障基金申领资格的老人、贫民、失明人士，曾任公务员人士，弱能人士及一般不受社会保障金照顾人士，提供帮助。亦对领有保障基金救济金的老人及无工作能力的受领人提供补充金，以补充社会保障基金所发放的救济金对其生活的不足数。

这些援助金的财政来源完全由政府承担，不需视受益人曾经供款与否，而主要视受援助者其个人家庭是否生活贫困。津贴的形式有：老人福利金、贫穷援助金、全无工作能力援助金、失去部分工作能力援助金、肺病患者援助金，失明人士援助金、补充援助金、殓葬津贴，以及曾任公务员人士津贴、紧急津贴及临时津贴等。

从 1996 年 1 月起，一般定期性的津贴由以往的 800 澳门元调升至 1000 澳门元，前公务员人士而不在退休金保障下而贫困者可收取 1370 澳门元，而补充援助金则是受援助者的家属有需要者亦可享受援助金，但津贴则按家属收取人数而按比例减少。紧急及临时津贴则因个人及其家庭受灾害及其他意外及问题而有需要接受紧急及临时性的援助，这两种津贴的金额则视个案而定。

总括来说这些非供款式的津贴，1994 年共支出了 1303 万澳门元，而 1995 年则上升了 17%，支出 1527 万元。平均每月有 2420 人受补助。

中国澳门地小人少，旅游业和博彩业比较发达。由于人少，旅游和博彩很好地支撑了民生的需求。但是，比较单一的经济结构容易受到外界的不测和冲击，因此，中国澳门需适当调整经济结构，寻求新的经济增长点，以保证民生的进一步提升。

二、中国台湾民生的发展与实践

1949 年从大陆失败、退守中国台湾以后，国民党当局吸取失败的教训，开始注视民生，并推动各项振兴经济计划，以充实财力来改善民生。中国台湾逐步建立起了就业、保险、福利三大体系，并为之颁布了诸多重要政策、法规。如民生主义现阶段社会政策、现阶段社会建设纲领、加强国民就业辅导纲领、社会福利政策纲领、公务人员保险法、劳工保险条例、儿童福利法、老人福利法、身心障碍者保护法、社会救助法、少年福利法、农民健康保险条例、就业服务法、全民健康保险法、儿童及少年性交易防治条例、社会工作师法等。

中国台湾的民生改善，主要是通过中国台湾一系列社会福利政策的颁布来实现的。关于中国台湾的社会福利范围，"中国台湾宪法"增修条文第十条第八项作了明确的规定，即中国台湾的社会福利范围是指社会救助、福利服务、国民就业、社会保险及医疗保健等五项。①

根据立法的多少以及社会福利政策所发挥的实际作用，中国台湾地区的社会福利制度可以划分为两个发展阶段：第一个阶段是从 20 世纪 50 年代到 70 年代末，这是中国台湾社会福利制度的起步阶段；第二个阶段是从 20 世纪 80 年代到目前为止，这是社会福利制度的快速发展阶段。②

20 世纪 50 年代，国民党政府根据职业类别开办了一系列的社会保险。③ 在社会救助方面，这一时期主要是以机构式收

---

① 林万亿：《中国台湾全志·卷九：社会志·社会福利篇》，台北"国史馆"台湾文献馆 2006 年版，第 34 页。

② 关于分段，参见林万亿：《1990 年以来中国台湾社会福利发展的回顾与展望》，(中国台湾)《社区发展季刊》2005 年第 1 期；向运华：《台港澳地区社会福利体系研究》，社会科学文献出版社 2010 年版，第 5—6 页。

③ 林万亿：《中国台湾全志·卷九：社会志·社会福利篇》，台北"国史馆"台湾文献馆 2006 年版，第 36 页。

容为主。进入 20 世纪 60 年代，无论是社会保险制度还是其他重大社会立法都几乎没有很大的进展，只有"1965 年的'民生主义现阶段社会政策'开启了为支撑经济繁荣所需要的社会政策架构"。① 20 世纪 70 年代的社会立法主要有两项，即 1973 年的《儿童福利法》以及 1975 年的以中产阶级购屋为主的《国民住宅条例》。②

　　20 世纪 70 年代末 80 年代初，中国台湾开始出现政治民主化的抗争，从而促进了社会福利的发展与转型。1980 年通过的"社会福利三法"，即《老人福利法》、《残障福利法》（1997 年更名为《身心障碍者保护法》）和《社会救助法》，是中国台湾社会福利发展史上的一个重要转折点。中国台湾还于 1983 年通过了《职业训练法》，1984 年通过了《劳动基准法》。

　　20 世纪 80 年代末期到 90 年代，中国台湾的社会福利迅速扩张，社会立法体系日趋完善。从 1989 年的《少年福利法》开始，中国台湾进行了一系列有针对性的社会福利立法与修法，除对《老人福利法》《身心障碍者保护法》《社会救助法》和《农民健康保险条例》进一步修订完善外，还颁布

---

　　①　林万亿：《1990 年以来中国台湾社会福利发展的回顾与展望》，（中国台湾）《社区发展季刊》2005 年第 1 期。
　　②　林万亿：《1990 年以来中国台湾社会福利发展的回顾与展望》，（中国台湾）《社区发展季刊》2005 年第 1 期。

实施了十余部法律，这是中国台湾社会福利立法进展最快的一个时期。对于失业问题，2001 年中国台湾颁布《就业保险法》，完善了社会福利体系中对失业保障的立法。

另外，就社会政策而言，20 世纪 90 年代以来，中国台湾开始制定一些社会政策与重大施政计划，如 1994 年"行政院"通过了"社会福利政策纲领"。① 该社会福利政策纲领成为 1994 年以后中国台湾社会福利制度发展的基础和主要根据。2004 年，中国台湾"内政部"社会司又提出《社会福利政策纲领》修正版。

根据中国台湾"经建会"的数据，1993 年到 1996 年，中国台湾社会福利支出年平均 1147 亿元新台币，1997 年到 2000 年中国台湾的社会福利支出年平均 2174 亿元新台币，而 2001 年到 2004 年，中国台湾的社会福利支出，比 1997 年到 2000 年四年间平均增加 30.5%。这一时期中国台湾的社会福利制度获得了前所未有的发展，中国台湾监察委员黄煌雄、赵昌平、吕溪木在 2002 年的监察报告中曾以"黄金十年"来描述中国台湾自 1990 年以来社会福利制度取得的成就。

新千年以来，民进党总统候选人陈水扁在 2000 年参加竞选时，提出了所谓的"三三三安家福利专案"和"五五五安

---

① "行政院"研究发展考核委员会编印：《配合"我国"社会福利制度之长期照护政策研究》，"行政院"研究发展考核委员会 1998 年版，第 197—198 页。

亲照顾方案"。执政后，民进党政府通过了一些社会福利法案，举办了社会福利会议，还公布了新版的社会福利政策纲领。如 2004 年的《"行政院"社会福利政策纲领》和 2007 年的《国民年金法》。

2008 年，马英九在竞选总统的过程中也提出了一些改善民生的社会福利政见。理念上，强调"公义与永续"；政策上，提出了积极性的社会福利政策的指导原则；政见上，诉求内容包括"一生两次享 2 年 2 百万零利率房贷、育婴假期间持六成的薪资替代水准、5 千元育儿津贴、托育费用列举扣除、营养午餐补助以及早期疗育补助"等，从而体现出"幼年安心成长、少年安心念书、青年安心成家、壮年安心工作以及老年安心养老"的行动纲领和执政目标。马英九上台之后，新政府的社会福利措施包括"马上关怀""工作所得补助方案""青年安心成家"以及一些短期促进就业的民生措施。

围绕"学有所教、劳有所得、病有所医、老有所养、住有所居"的现代民生理念，中国台湾民生的发展和实践也与这一理念相对应。

（一）中国台湾的高等教育

中国台湾经济飞速发展，很大程度归功中国台湾高等教育的发展。1950 年，中国台湾有大专院校 7 所，即 1 所综合大学、3 所独立学院和 3 所专科学校；所设学科不多，尖端学科更无从谈起；大学附设研究所只有 3 个，在读硕士研究生仅 5 名。而到了 2003 年，2300 万人口的中国台湾拥有高等院校 151 所（包括军警院校及"空中"大学），研究生院更暴涨至 700 余所。有资料显示，近 10 多年间，中国台湾大学院校的数量增长了 315 倍，大学生人数也增加了 217 倍。其中"国立"61 所、市立 2 所、私立 87 所，公立占 43%，私立占 57%，在校生约 60 万人，其中男生约占 54%，女生约占 46%；在中国台湾 25 岁以上人口中，接受过高等教育者已占总人口的 14%。

中国台湾十分重视优先发展高等教育。1952—1962 年，中国台湾地区生产总值的年均增长为 23%，而公共教育经费的年均增长率为 28%。1963—1973 年间，中国台湾地区生产总值的年均增长率约为 16%，公共教育经费的年均增长率为 18.5%。1974—1983 年，中国台湾地区生产总值的年均增长率为 20%，而公共教育经费的年均增长率为 25%。这三个时期，中国台湾公共教育经费的增长率明显高于国民经济的增长率。进入 20 世纪 80 年代以后，中国台湾经济增长率降低了，1984—1996 年，中国台湾地区生产总值的年平均增长率不到 9%，同期教育经费的年均增长率则为 10%，它表明：近半个世纪以来，中国台湾教育经费增长水平基本上与地区生产总值同步增长，并且高于地区生产总值的增长速度。特别是自 20 世纪 70 年代中期后中国台湾年均教育经费的大幅度提高，主要用于发展高等专科教育。这说明中国台湾重视实施优先发展高等教育的战略指导思想。

中国台湾在发展高等教育事业时，还注重公立高等教育与私立高等教育并重，鼓励民间办学。自 20 世纪 60 年代初，中国台湾私立高校特别是私立专科学校便迅速发展，超过了公立大专院校的发展速度，并超过公立高等院校的规模。1974 年颁布了《私立学校法》，建立起比较完备的私立教育体系。据统计，中国台湾在 1955—1975 年的 20 年间，私立院校从 5 所猛增到 68 所，增长了 13.6 倍，而同期公立高校从 10 所增到 33 所，只增加了 3.3 倍。就私立高校占全部高校总数来说，1965 年占 57.14%，1975 年为 67.33%，可见，中国台湾高等教育机构大部分是私立的。中国台湾私立高校设立及管理，政府进行了适当的管理，中国台湾私立学校学费的收取标准由中国台湾"教育部"统一制定。随着经济的发展，每年都从财政中给私立学校以适当补贴，全省约 12 亿元左右，加上其他相关补助 15 亿元，共计 27 亿元，约占私立高校支出的 10%，这种补贴促进了私立大专院校的发展。私立高校不断发展壮大为中国台湾高等教育走向大众化作出了重要贡献。

中国台湾在经济发展初期，初、中级技工人才最为缺乏，因此教育重心由普通教育向职业技术教育倾斜，职业技术教育以"学以致用"而广受社会欢迎。1970 年以来，中国台湾职业技术教育进入一个蓬勃发展的新阶段，首先重新调整普通高中和高等职校，由原来的 6：4 逐年调整到 1981 学年度的 3：7。继而大量扩充专科学校，到 1976 年专科学校猛增到76 所，学生人数达 13.8 万多人。同时专科学校从普通高等教育体系中分离出来，成立了专科职业教育司，突出其培养实用性专门人才的教学宗旨，并颁布《职业学校法》《专科学校法》等一系列规章法令加以规范，逐步完善职教体系。随着1974 年第一所工业技术学校成立，"专科职业教育司"改称为"技术及职业教育司"，专责职校、专科及技术学院事务，至此职业技术教育形成完整独立的体系。经过几十年的发展，职业技术教育无论在学校数量或学生人数上都占有较大比重，目前中国台湾高等职校近百所，学生约 40 万人。

（二）促进就业，完善劳动保障机制

2004 年，中国台湾人口总数大体为 2257 万人，城乡劳动总人口为 1024 万人，占中国台湾人口总数的 45%。全部劳动人口中，从业人员总数为 979 万人，就业率为 95.6%。全部劳动人口中，失业人数为 45 万人，失业率为 4.4%。

自 1958 年以来，中国台湾就相继出台各种法规以完善劳动保障机制，以保障"劳有所得"。1958 年，《劳工保险条例》；1984 年，中国台湾颁布实施《劳动基准法》；进入 2000

年以来，中国台湾相继创立了5部新法。

2002年1月16日公布实施《两性工作平等法》。此法的核心主要体现在四个方面：一是明令禁止性别歧视女性劳工。二是防治性骚扰。规定雇主在企业工作场所有防治性骚扰行为发生之义务。而且，对已经发生的性骚扰事件，应采取立即有效的纠正及补救措施。三是激励企业提供诸如生理假、产假、陪产假、育婴留职停薪、哺乳时间、育儿减少工时、家庭照顾假等待遇，设立托儿设施或采取托儿措施。四是明确雇主雇用因结婚、怀孕、分娩、育儿或照顾家庭而离职的受雇者等，可获取政府补贴。

2001年2月7日公布实施《大量解雇劳工保护法》。此法的核心内容是明确规定用人单位大量解雇劳工时，必须经劳资双方集体协商，并提前60天向劳工行政主管部门报告；劳资双方协商未果时，可由行政主管部门召集双方组成协商委员会协商议定。同时，行政主管部门应指派就业服务人员为被解雇者提供就业服务与职业训练。

2001年10月31日公布实施《职业灾害劳工保护法》。此法不仅适用于依法参加劳工保险的劳工，而且未加入劳工保险的劳工也可列入保护范围。

2002年5月15日公布实施《就业保护法》。此法的目的是健全就业安全体系，建立失业给付制度。

2003年2月6日公布实施《公共服务扩大就业暂行条

例》。该法的核心是财政投入 200 亿新台币资金，在公共建设领域及中小企业中开发 10 万个就业岗位，扶持 10 万个失业劳工家庭摆脱经济危机。

2004 年，中国台湾出台了《劳工退休金条例》，2007 年对这一条例进行修订完善。

（三）　制定、完善老人权益保护诸领域的政策措施

自 1980 年以来，中国台湾地区积极探索制定老人权益保护诸领域的政策措施，在法律规范层面上，形成了以《老人福利法》与《老人福利法实施细则》为基础，以《中低收入老人津贴发给办法》《中低收入老人特别照顾津贴发给办法》等特殊老人保护规范为主体，以《老人福利机构设立标准》等相关配套措施为关节，以《社会救助法》《家庭暴力防治法》等老人权益保护相关法为补充的老年人权益保障的规范体系。

20 世纪 70 年代，中国台湾地区医疗卫生水平的进步，人们平均寿命延长，使得老年人口增加。然而，社会结构的改变，家庭形态越来越小，以致家庭对老人的奉养发生困难，须依赖政府和社会的支援。在此背景下，依据中国台湾地区"宪法"第 155 条，参考先进国家老年人权益保护立法经验，拟定《老人福利法草案》，1979 年 5 月 31 日"行政院"讨论通过，6 月 22 日送"立法院"审议，1980 年 1 月 26 日公布实施。该法共 21 条，要点如下：（1）立法目的为"安定老人

生活，维护老人健康，增进老人福利，并弘扬敬老尊长之美德"。（2）老人的范围为 70 岁以上者。（3）倡导子女照顾老人，国家负担协助照顾的责任。（4）老人福利机构分为扶养机构、疗养机构、休养机构以及服务机构。（5）实行民间福利机构的许可制度。（6）为无依老人提供住宅。（7）对老人医疗和休闲优待。为落实《老人福利法》，同年中国台湾地区制定了《老人福利法实施细则》。

自 1980 年《老人福利法》实施以来，特别是 1987 年解除"戒严"以来，"福利国家"理念对中国台湾地区法制建设产生了重要影响。有学者从社会福利的角度，论述社会权与民生的紧密关系，甚至主张社会权应当入宪。受此理念的影响，老人福利议题备受关注。为配合实践需求，《老人福利法》于 1993 年正式送"立法院"审议。在酝酿数年后，《老人福利法修正案》终于 1997 年 5 月获得通过，并于同年 6 月公布实施。此次修订，主要内容如下：（1）将《老人福利法》的立法目的修改为"弘扬敬老美德，维护老人健康，安定老人生活，保障老人权益，增进老人福利"。（2）参考先进国家立法经验，顺应世界潮流，扩大享受福利的老年人范围，将老人法定年龄由原来的 70 岁修改为 65 岁。（3）明确老人福利机构的类型包括长期照护机构、养护机构、安养机构、文康机构及服务机构。（4）鼓励三代同堂，并为与老人同住者提供住宅方面的优惠。（5）注重民间力量的参与老人福利服务。(6) 逐步规划实施生活津贴、特别照顾津贴、年金保险制度，以保障老人经济生活。(7) 规定老人的法定抚养义务人对老人有遗弃、妨害自由、伤害、身心虐待，留置无生活自理能力的老人独处于易发生危险或伤害地方等行为法律责任。此次修订，使得《老人福利法》的内容进一步完善，操作性进一步增强。

自 1997 年《老人福利法》修订后，中国台湾地区老人福利事业迅速发展，老年人口也迅速增加，老人需求也发生深刻变化，加之，"全人照顾""在地老化""多元连续服务""福利社会化""消费者导向"等理念的持续影响，使得《老人福利法》出现了许多不合时宜的地方。2007 年《老人福利法》的修订就是在这样的背景下进行的。此次修订，主要内容如下：(1) 将立法目的修正为"维护老人尊严与健康，安定老人生活，保障老人权益，增进老人福利，特制定本法"。(2) 主管部门的权责进一步厘清，新增政府掌理事项，并对主管部门和目的事业单位之间的职责进行了明确划分。(3) 扩大了老人福利经费来源。(4) 对中低收入老人的经济保障作了针对性规定。(5) 增加雇主对于老人就业不得歧视的规定，促进老人参与社会事务。(6) 新增对于心神丧失或精神耗弱老人的禁治产宣告制度①，同时鼓励老人财产信托，以回应实务

---

① 禁治产宣告制度：即心神丧失或精神耗弱且不能处理自身的财产者，由本人或其配偶，最近亲属两人，检察官向法院申请禁治产宣告。

界无法保护失能或失智老人的财产的困境。随后《老人福利法》于 2009 年出于立法体系协调性的考虑再次修订，但未进行实质内容的变更。至此，《老人福利法》形成了包含 55 个条款，涵盖总则、经济安全、服务措施、福利机构、保护措施、罚则、附则等内容的有机框架体系。

　　除了《老人福利法》，中国台湾还出台了多部法规以保障老年人的相关权益，改善民生状况。如：《全民健康保险法》，增进全体国民健康，办理全民健康保险，提供医疗服务；《国民年金法》，确保未能于相关社会保险获得适足保障之国民于老年、生育及发生身心障碍时之基本经济安全，并谋其遗属生活之安定经济保障规范；《老人参加全民健康保险无力负担费用补助办法》，为老人或其法定扶养义务人，就老人参加全民健康保险之保险费、部分负担费用或保险给付未涵盖之医疗费用无力负担者提供补助；《中低收入老人津贴发给办法》，提供中低收入老人津贴；《中低收入老人津贴特别照顾津贴发给办法》提供中低收入老人津贴特别照顾津贴；《失能老人接受长期照顾服务补助办法》为失能老人提供长期照护服务的补助；《老年农民福利津贴暂行条例》照顾老年农民生活，增进农民福祉；《内政部补助或委托办理老人服务及照顾办法》规范民间资源提供老人服务；《老人福利机构设立标准》规范福利机构的设立；《政府北区、中区以及南区老人之家办事细则》为处理内部单位事务之分工；《老人福利服务提供者资格要件及服务准则》规定老人福利服务提供机构应具备的条件及所提供之服务的标准。

另外，为了进一步改善老年人的民生状况，中国台湾还通过多种手段增强对老人的民生改善：通过多种津贴增加老年人收入，如经济安全国民年金、中低收入老人津贴、中低收入老人特别照顾津贴、敬老福利生活津贴等，并通过设置紧急通报点并建立完整通报制度、设置相关资讯及资源"单一窗口"、强化紧急医疗救护系统，并提供紧急支持服务；提供符合老人安居之住宅，出台"促进民间参与老人住宅建设推动方案"心理及社会适应专案；补助民间团体与北中南三区设置老人咨询服务中心，对老人、老人家庭或老人团体提供咨询服务教育及休闲；设置长青学苑，兴设老人福利服务（文康活动）中心；老人优待搭乘交通工具、进入康乐场所以及参观文教设施予以半价优待；设置小区照顾关怀据点，鼓励老人担任志工。

为加强老人福利工作，2000年以来中国台湾地区出台的老人福利措施还有：（1）加强老人安养服务方案；（2）照顾服务福利与产业发展方案；（3）提升社区照顾质量计划；（4）长期照护示范先导计划；（5）长期照顾十年计划。未来，中国台湾地区正着手制定《长期照护服务法》，构建一个多元化、社区化、优质化、可负担，以及兼顾性别、城乡、文化、经济、健康等条件之差异的长期照护体系。

（四）医疗服务体系的建立与健康保险制度的完善

中国台湾医疗服务体系先后经过建立前期（1947 年之前）、建立期（1947—1970 年）、扩张期（1971—1984 年）和整合期（1985 年至今）四个阶段，不同的时期有不同的形态和特点。现行医疗服务体系是在公、私立大中型医院蓬勃发展，通过医疗网络计划实施，对各类医疗机构进行整合之后形成的。按照医疗机构级别，中国台湾现行医疗服务体系由医学中心、区域医院、地区医院、精神专科医院和卫生所组成。目前中国台湾计划分 17 个医疗区域，有 19 家医学中心。按照专业技术，在总体上分为西医、中医和牙医三类。根据医疗机构权属的不同，医院分为公立医院、财团法人医院和私人医院三大类。这三大类医院又可细分为 14 个类别。根据官方公布统计资料，2009 年中国台湾有医院 514 所，公立 80 所，非公立 434 所；诊所 19792 所，其中公立 461 所，私立 19331 所。

中国台湾健康保险制度起源于 20 世纪 50 年代，至 90 年代发展为公保、劳保、农保、军人医疗照护等 10 多种健康保险，但各险种差别较大，总体覆盖率低（近 60%）。为改变这种不合理的状况，中国台湾于 1994 年 10 月 3 日颁布《全民健康保险法》，1995 年 3 月 1 日依据《全民健康保险法》，实行全民健康保险制度（简称"健保"）。其目的是向全体居民提供适时、适度的，包括疾病预防、诊断治疗、健康教育等内容的广泛的医疗服务。本质是采取强制性的社会保险方式，实现全体居民缴费互助、社会统筹、平等就医的医疗保障制度。

中国台湾健保制度是中国台湾全民统一的强制性健康保险制度，由"健保总局"下设 6 个"分局"，作为保险人，负责全台健保工作。健保对象为中国台湾全体居民，总体上分为被保险人及眷属，按照就业单位和就业状况将被保险人分 6 类，眷属分 3 类；保险费用由被保险人单位、行政当局和被保险人三方承担，支付比例分别为 60%、10% 和 30%，无就业单位者由行政当局支付保费的 70%，个人承担 30%。保险费率 4.25%—6%。无收入者和经济困难人员行政当局给予津贴。

为保证健保的建立和正常运行，除《全民健康保险法》之外，中国台湾行政部门还制定实施了 20 多种"子法规"，60 余种相关作业规范。对医疗服务的提供、收费都作了明确的规定，克服了此前中国台湾医疗机构自主管理和自由定价等问题，促进医疗机构和医务人员通过改善经营管理方法，节省卫生资源，提高服务效率和服务质量等途径，缓解了居民就医中存在的"三长两短"等服务质量问题和红包、回扣等政风问题及高医药费用问题，一定程度上为中国台湾境内医疗服务全行业的规范化管理提供了操作依据和实践平台。

健保制度对病人医疗服务消费而言则具有相当的福利性，较好地解决了病人就医的经济负担问题，也得到了中国台湾民众的热烈响应。据调查，目前中国台湾居民的健保参保率达到了99%以上，对健保的满意度近80%。这个数据在中国台湾社会中是罕有的奇迹。

（五）住房

中国台湾的救济性住宅的历史要追溯到1950年，当时的新建住宅主要是救济性的住宅，一方面解决大量退到中国台湾的军眷属的住房问题，另一方面为当地的原住渔民农民建设较低标准住宅。但真正意义上的国民住宅政策出现在1957年7月，中国台湾公布了《兴建国民住宅贷款条例》，从此国民住宅正式地登上了历史的舞台。这一阶段的国民住宅包括以下几种类型：一般国宅、重建整建住宅、平价住宅、员工宿舍以及鼓励民间投资兴建的住宅。其兴建总数为124992户，其中兴建一般国民住宅56129户（占该期间总量的44.9%），整建住宅共12762户（占该期间总量的10.2%），平价住宅（占该期间总量的8.4%），机关学校员工宿舍共7845户（占该期间总量的6.2%），投资住宅共5013户（占该期间总量的4%）。

自1957年开始，国民住宅贷款条例执行了约20年，但由于资金不足和贷款条件无法适应社会环境的变迁而逐渐减少萎缩。当国民住宅贷款条例成效甚微之际，正是岛内人口大量集中于都市时期，都市住宅需求格外殷切。根据 1966 年第一次住宅普查结果，约 45% 之都市住宅为自有者。1973 年发生第一次世界能源危机，岛内物价大幅上涨，一般人为了保值，纷纷抢购地产，房价暴涨，此种现象受害最大的是真正需要住宅的中低收入者。此时的岛内出现了很多的社会问题，著名的"蜗牛宣言"就是在这个时期出现的。

而中国台湾适时地从新加坡成功的国民住宅建设中获取了经验。新加坡从 1960 年开始推展国民住宅建设，至 1975 年已经有相当的成就，为世界各国称赞。新加坡的成功先例为中国台湾作出了榜样，使得中国台湾接下来一段时间的国民住宅建设向着"政府直接兴建"的方式迈进。中国台湾 1975 年公布了《国民住宅条例》使得国民住宅的建设正式进入了政府直接兴建的阶段。在这个国民住宅条例的各项条款中，一开始就开宗明义地提出："……国民住宅，系指由政府机关兴建，用以出售或出租于低收入家庭及军、公、教人员家庭之住宅。"同时完善的法规制度也标志着国民住宅政策逐渐走向成熟。

1982 年 7 月，为了配合"国民住宅四年兴建计划"的实施，有关部门修正了《国民住宅条例》，除了继续推动"政府直接兴建"外，并增列"贷款人民自建"及"奖励民间投资兴建"等方式，为这两种筹建方式提供了有力的法律依据。

中国台湾的国民住宅作为福利性住宅，其出售价格相对其他房产住房要相对较低，但由于高昂的土地和建设成本，其价格并没有低到可以让多数困难家庭独立承担的程度。因此优惠的国民住宅贷款政策作为国民住宅政策的必不可少的组成部分，为困难家庭提供经济上的福利性帮助。同时，面对长期存在的住宅滞销情况，政府在鼓励购买国民住宅方面也施行了明确的金融刺激手段，即低利率的限定份额的国宅贷款。这种贷款主要来自于"国民住宅基金"。中国台湾自从 20 世纪 70 年代以来开始对住宅购买者提供住宅贷款。而这类贷款的主要办理银行即是"中国台湾土地银行"。中国台湾于 1975 年修改《银行法》，"财政部"把中国台湾土地银行制定为唯一的不动产贷款的农业信用专业银行，把住宅贷款列为主要业务之一。中国台湾国民住宅贷款有三个种类，其中以一般国民住宅购买贷款为主，是国民住宅贷款措施福利性的主要体现。

根据国宅相关机构于 2008 年 4 月修订的《国民住宅贷款办法》中所规定，国民住宅贷款的来源主要有两个：一是国民住宅基金提供部分，其利率按中国台湾邮政股份有限公司二年期定期储金机动利率加 0.042% 计算机动调整，最高不得超过年息九厘。二是银行融资部分，其利率按中国台湾邮政股份有限公司二年期定期储金机动利率加 0.875% 机动调整。

为了鼓励购房，中国台湾在 2001—2007 年还实行"青年购屋低利贷款"。这项优惠政策虽然是政府为了刺激购房而临时出台的措施，但由于其在帮助解决困难青年住房问题上起到了一定作用，因此也将其纳入国民住宅政策的范畴内。

中国台湾国民住宅的受益群体设计范围相对更加广泛和负责，包括国宅基地原居住者的安置、军眷属村改建后的军眷属安置以及受灾民众的救济安置。中国台湾在国民住宅的分配阶段，也出现过购买国民住宅的申购者虚报自身收入和居住状况的情况。中国台湾国宅相关机构为了保证国宅的公平性，采取对符合资格的申请人进行抽签决定其购买次序的方式。

经过半个多世纪来的经济建设和关注民生的发展，中国台湾地区取得了很大的成就。特别是 20 世纪 90 年代产生的"九二共识"，并实行"三通"政策后，更增添了发展动力。然而，自进入 21 世纪以来，中国台湾地区政党之间的恶斗、"台独"分子活动日渐猖獗，大大压缩了中国台湾的发展空间，使中国台湾地区在国际上，特别是在亚洲逐渐被边缘化。因此，中国台湾地区只有坚持"九二共识"，并逐步地、最终地走向与祖国的统一，才能走出困境。

第七章　外国的民生

在外国，尤其是西方国家，民生的政策和理论主要是围绕财富的生产分配问题产生和变化的。人民的基本生活保障问题是政党执政和国家治理的关键所在，也是社会统治的底线。因此，外国的民生思想与实践集中体现在了其"社会福利"的思想与相关政策方面。

西方的福利思想起源于古希腊时代的政治伦理学说，寄寓于哲人对人的幸福和社会理想的阐述之中。经历中世纪漫长基督教宗教福利的洗礼，西方福利思想逐渐将宗教福利与世俗福利相融合。文艺复兴与宗教改革的兴起，将人文主义关怀注入宗教的慈善活动之中，非个人所能控制的因素而处于贫困境地的人，都被视为是社会福利的需求者，接受救助合法性的观念逐渐深入人心。英国"济贫法"的出台标志着西方社会福利思想迈入人道主义关怀阶段。欧洲启蒙运动的深入，"人性论"与"自然权利假说"推动了社会福利价值的扩展。除了传统的慈善救济之外，它逐渐引申出公民的政治经济权利、包含公平与自由的社会正义观、维护人的尊严与平等。在人道主义的道德旗帜之下，19世纪中叶之前的西方社会福利思想侧重于对遭遇不幸的人实施人道主义救济，提倡兴办各种慈善事业来帮助那些陷入困境的人。不过在此阶段，西方的社会福利思想遵循自由主义的精神与原则，主张个人在自由竞争中寻求自己的福利，提倡个人在谋取个人利益方面的主动精神，强调社会福利的增进有赖于自由竞争和财富积累的推动，反对国家干预下的福利资源分配。19世纪末，以英国为代表的西方国家进入了资本主义发展时期的鼎盛时期，生产力得到了快速发展，物质财富的积累显著增加，现代国家功能日趋完备，但随之而来的财富分配问题使民生问题不断。为了解决这一系列问题，政府便把解决民生问题的重点由济贫转化为经常性的社会福利项目，并逐步纳入政府的正常职能范围。社会福利制度就慢慢地成为一项不是专为穷人而设计，而是具有稳定社会秩序、保障个人基本生活的制度。第二次世界大战结束以后，以英国为代表的西方国家立即着手进行福利国家建设。20世纪50—70年代，北欧等发达国家，仿效英国的做法，完善了其社会福利制度，使社会福利涉及大多数人，甚至是社会全体成员。通过这种完善的且涉及广泛的福利措施来改善民生和保障民生。

一、外国古代民生

西方古代慈善济贫思想是外国民生思想，尤其是资本主义国家民生思想萌芽的主要理论渊源。"慈善"一词在古希腊文中的含义是神对人的爱。慈善济贫思想古已有之，并源源不断地充实和发展，从而成为民生思想萌芽的最原始的理论基础。早在公元前两千多年的《汉谟拉比法典》就规定"要保护寡妇、孤儿，严禁以强凌弱"。古巴比伦国王命令僧侣、法官和市长向其所管辖的地区居民征收特别赋税，以筹集重灾救济基金。亚里士多德认为，人是一种社会性的动物，他与同伙相互协力、帮助。早期慈善济贫思想实际上就是要关心那些患病、年老、残疾和贫穷者，这种思想后来被宗教吸收，形成了早期宗教的救济思想。宗教的慈善行为，一开始主要是对于教徒中的贫困者的关怀照顾，或教徒家庭之内的相互扶助。随着宗教信仰者范围的不断扩大，博爱精神的慈善照顾扩大到整个社会，并坚持实行财产公有、人人共享的平均主义原则。它主张穷人互助，爱人如己，反对富人欺压穷人，博施爱于人，倡导人人平等，努力向善。如产生于公元 1 世纪罗马帝国统治下巴勒斯坦的基督教，它脱胎于犹太教。早期的基督教反映的是受压迫人民的苦难心声，因此它的教义包含有关于平等、自由、互助和人人幸福的社会内容，在社会理想方面，它追求一种普世的幸福。奥古斯丁是早期基督教的著名神学思想家，他被公认为是第一个将原始基督教教义发展成为一个完整的阐释体系的人。奥古斯丁在《上帝之城》一书中阐述了他的基督教福利思想。

在中世纪，基督教会拥有庞大的行政、财政甚至司法权，照顾贫苦的责任主要由教会承担，教会在济贫事业中充当了重要角色。如英国中世纪教会的势力很强大，全英国被划分为若干教区，教区的主教对辖区内的穷人负有救济责任。当时，教会将其收入的 1/4—1/3 用于慈善事业。中世纪基督教思想最伟大的代表人物则是阿奎那。阿奎那一方面继承了基督教一切权力来自上帝的正统观点，另一方面吸收了亚里士多德的政治思想，从早期基督教关于天恩与人性相对立的基点出发，阐述了他"天恩不夺走人性而只会使人性完善"的宗教思想。阿奎那在宗教福利观上的神学转向，将世俗社会的幸福与神圣天国的幸福相调和，使福利思想开始关乎人们切实的利益，有力地推动了西方社会福利思想的发展，也对后来西方社会的宗教改革产生了重要的影响。

14—16 世纪欧洲的文艺复兴，是新兴资产阶级反封建斗争在意识形态上的反映，是为资产阶级政治、经济利益服务的资产阶级思想文化运动。进步的思想家借复兴古希腊的文学艺术，抨击宗教神学，歌颂人的伟大，肯定人的价值，维护人的尊严，追求人的解放。15世纪后期，文艺复兴扩展到西欧广大地区，进入全盛时期。文艺复兴以人文主义为指导思想推动了科学事业的发展，它打破了天主教神学的桎梏，促进了以天文学革命为开端的近代自然科学的产生，同时它的成果又冲击着宗教神学。恩格斯曾热情洋溢地赞颂欧洲文艺复兴时期，认为"这是一次人类从来没有经历过的最伟大的、进步的变革，是一个需要巨人而且产生了巨人——在思维能力、热情和性格方面，在多才多艺和学识渊博方面的巨人的时代"。① 16世纪，西欧各国兴起了宗教改革，普遍反对罗马天主教会的社会运动。主要包括德国的马丁·路德宗教改革、加尔文在瑞士的宗教改革、法国宗教战争和英国的宗教改革。宗教改革迎来了思想的解放和科学的繁荣，促进了欧洲许多民族国家的巩固。

　　总的说来，古希腊罗马的民生伦理思想、早期基督教的福利思想和文艺复兴人本思潮确立的以人为核心的人文主义，对于人的主体意识的培育以及人的解放与发展发挥了重要的作用，同时也为民生保障制度的出现奠定了重要思想基础。

---

　　①　恩格斯：《自然辩证法》，人民出版社1984年版，第6页。

二、外国近现代民生

（一）外国近现代民生思想

1. 资本主义民生思想的发展

人类进入 17 世纪，生产力较以前有很大发展，民生保障思想也开始在西方出现。

英国著名经济学家威廉·配第在他的《赋税论》中将救济费划分为国家财政费用的重要部分之一，救济对象包括"孤儿、无家可归的儿童和各种失去工作能力的人"，基础设施和福利事业经费也在其中。他主张政府应该加强基础设施建设，为人民创造更多的公平就业机会。

18 世纪，约翰·斯图亚特·穆勒在他的《政治经济学原理及其在社会哲学上的若干应用》特别提到救济的问题。他的想法主要有以下几点：政府应该救济贫民，这是由它的职能决定的。政府的救济应该有个标准。他认为救济是可以的，主要是保证所有人不至于饿死，这样才可以发挥有益的作用。政府的救济与私人的慈善不同，它只是最低限度的救济。只要他符合规定的条件，都应该受到救济，而私人慈善是不一样的，它可以自行调查，判断贫穷的原因，以及道德行为情况等，救济与否与救济多少是由自己决定的。这主要是由政府的性质和私人慈善的性质不同而定的。

孟德斯鸠也对这方面的民生问题有所关注。他认为一个国家必须进行救济，因为国家有义务使人民免受痛苦、饥饿、灾难等，并且认为不管这个国家的经济发展怎么样，都要设立救济机构。他说，富裕的国家需要济贫院，因为命运使他们受到无数不测事件的支配。

进入19世纪，生产力有很大的发展，人类进入工业化社会，这时社会保障思想也发生了一些变化，开始出现对立的观点。一些经济学家以及其他方面的思想家并不认为政府对社会保障要承担责任，但是主张社会保障的思想家仍占多数。

萨伊是法国经济学家，他在专著《政治经济学概论》一书中提到公共消费这个部分。他认为公共消费中"公共慈善机构费用"是很重要的一个部分，无论一个人的现在状况是如何，都需要社会救济。在举办慈善机构时，大家把自己的一定比例收入交给它，遇到意外时，从它那里得到保障。这有利于社会稳定，而且使很多人获得了生活来源。在运行的时候可以实行竞争的制度，即福利机构的官吏引入竞争的办法，这样的话，我们的服务会得到很大的改善，效率也得到很大的提高。

西斯蒙第的观点相对有些不一样，他的代表作是《政治经济学原理》。他反对大地主、大资本家，因为如果不是他们的剥削，工人和农民可能就不会需要社会的救济，所以国家应该利用权利进行干预。作为政府应该强制企业主参加劳动保险，以使工人的工作环境有所保障。

德国旧历史学派创始人罗雪尔在《济贫、救助和济贫政策》中，认为政府的救济可以存在，比如富人的援助、互助济贫等。在救济的时候不仅要给予实物的救助，人文关怀也是不可缺少的，而且要发挥家庭团体的作用。此外他还肯定了发展商业保险的重要作用。

此时，在德、英、法还出现了诸多支持民生保障制度的思想，如德国的讲坛主义、英国的费边社会主义、法国的连带主义。

讲坛社会主义，又被称为国家社会主义，主要代表人物是瓦格纳等，他们认为国家除了保障社会安全外还有很多责任。在现代国家，仅仅个人经济是不够的，国家必须掌握一定的经济资源，国家应该促进社会福利的增长，可以通过社会再分配的形式保障贫民的生活。

费边社会主义 19 世纪下半叶产生于英国，他们认为"社会主义是使所有人获得平等和公平机会的计划"，资本家应该把他们的收获分给社会。每一种行为方式体现在一切迫使个人为国家服务并受国家保护的仁慈立法中。费边社会主义思想对英国的社会保障制度产生过重大的影响。

连带主义是盛行于 20 世纪初法国的国家社会主义，它主张通过国家的干预来改善人民的生活。它认为社会是一个大家庭，每个人都负有连带责任，人们应该互相帮助，富人有责任帮助穷人，社会成员有福同享，对灾难都负责，社会应该成为相互保险的团体。

20世纪社会保障思想的进一步发展，产生了福利经济学。在福利经济学发展的过程中，庇古是英国的伟大代表，他的福利经济学代表作是《福利经济学》《产业变动论》《财政学研究》。他从边际效用价值论出发，提出了社会福利和经济福利等概念。他认为福利表示人的心理状态并寓于人的满足之中，福利的大小可以用货币来衡量。同时，他论述了福利与国民收入之间的关系，即影响一个国家的经济福利的原因是国民收入的形成和使用，其中国民收入的形成是资源的配置问题，而使用是分配问题。针对如何才可以实现优化配置的问题，他得出了政府应该干预经济的结论。此外，他还提出了向富人征税，再以转移支付的形式将这部分收入转移给穷人的主张。

英国经济学家凯恩斯认为，解决资本主义下的失业问题就必须解决有效需求不足的问题。他主张实行扩张财政政策，增加政府支出，包括社会保障支出。主张国家以财政政策干预经济，为建立社会保障制度提供了理论基础。

贝弗里奇则鲜明提出来要建立社会保障制度。他提到三项社会保障政策，即社会保险、社会救济和自愿保险。社会保险是满足居民的基本生活需要，自愿保险是满足居民的较高需要，救济则主要针对穷人。他还提出来6项改革原则：

基本生活资料补贴一致，保险费标准一致，补助金必须充分，全面和普遍性原则，管理责任统一，区别对待原则。贝弗里奇的理论就是要一个全面的、统一的、全民的居民基本生活得到保证的社会保障制度。

林德贝克是瑞典学派社会保障思想主要代表人物，他极力倡导"自由社会民主主义"，在政治上实行西方的制度，经济上实行"福利国家"与"市场经济"相结合的制度。他认为，一个社会中应该每个人都得到幸福，这就要求国家在财富的分配上发挥作用。瑞典学派对瑞典的民生保障制度有重要的指导意义。

2. 马克思的民生思想

马克思主义认为，人民群众是历史的创造者，也应当是历史的主人。马克思和恩格斯在《神圣家族》中明确指出："历史什么事情也没有做，它'并不拥有任何无穷尽的丰富性'，它并'没有在任何战斗中作战'！创造这一切、拥有这一切并为这一切而斗争的，不是'历史'，而正是人，现实的、活生生的人。'历史'并不是把人当做达到自己目的的工具来利用的某种特殊的人格。历史不过是追求着自己目的的人的活动而已。"① 马克思和恩格斯在谈到英法革命时指出："在十七世纪的英国和十八世纪的法国，甚至资产阶级的最光

---

① 《马克思恩格斯全集》第 2 卷，人民出版社 1957 年版，第 118—119 页。

辉灿烂的成就都不是它自己争得的，而是平民大众，即工人和农民为它争得的。"① 因此，促进人类社会发展，实现人民根本利益，必须不断关注和改善民生。人的本质属性是社会性，其社会实践性为劳动。"劳动创造了人本身"。② 人民群众作为劳动者，创造了社会财富，那么社会就应该给予群众以关怀和回馈，也就是改善民生。处理好民生问题的前提是处理好生产力与生产关系。"当人们还不能使自己的吃喝住穿在质和量方面得到充分供应的时候，人们就根本不能获得解放"，③ "社会关系实际上决定着一个人能够发展到什么程度"。④ 民生的改善不仅取决于生产力的发展，同时也取决于社会关系和生产关系的完善。

3. 列宁的民生思想

一是重视人民群众的作用。1922 年，列宁在《俄共（布）中央委员会政治报告》中指出："具有优秀精神品质的是少数人，而决定历史结局的却是广大群众，如果这些少数人不中群众的意，群众有时就会对他们不太客气。"⑤ 列宁还强调："我们的革命所以远远超过其他一切革命，归根到底是因为它通过苏维埃政权发动了那些以前不关心国家建设的千

---

① 《马克思恩格斯全集》第 18 卷，人民出版社 1964 年版，第 325 页。
② 《马克思恩格斯选集》第 4 卷，人民出版社 1995 年版，第 374 页。
③ 《马克思恩格斯全集》第 42 卷，人民出版社 1979 年版，第 368 页。
④ 《马克思恩格斯全集》第 3 卷，人民出版社 1960 年版，第 295 页。
⑤ 《列宁全集》第 43 卷，人民出版社 1987 年版，第 92 页。

百万人来积极参加这一建设。"① 人民群众不仅在社会主义革命实践中发挥重要作用，在社会主义建设实践中同样发挥重要的作用。列宁指出："只有比先前多十倍百倍的群众亲自参加建设国家，建设新的经济生活，社会主义才能建立起来。"② 列宁还强调，要紧紧依靠人民群众，满足人民利益，发挥人民群众在社会主义建设中的作用。列宁指出："在人民群众中，我们毕竟是沧海一粟，只有我们正确地表达人民的想法，我们才能管理。否则共产党就不能率领无产阶级，而无产阶级就不能率领群众，整个机器就要散架。"③ "我们需要的是能够经常同群众保持真正的联系的党，善于领导这些群众的党"。④

　　二是在社会主义实践中关注民生和改善民生。1917 年 10 月，列宁领导的十月革命取得胜利后，怎样巩固新生的苏维埃政权是摆在面前的最重要任务。列宁强调："它就是要使每个人都有面包吃，都能穿上结实的鞋子和整洁的衣服，都有温暖的住宅，都能勤勤恳恳地工作。"⑤ 同时，列宁还通过制定法律保障人民的民生，尤其是对农民的生存之本土地高度重视。为满足广大农民对土地的需求，列宁提出："工农革命

　　① 《列宁全集》第 40 卷，人民出版社 1986 年版，第 139 页。
　　② 《列宁全集》第 35 卷，人民出版社 1985 年版，第 416 页。
　　③ 《列宁选集》第 4 卷，人民出版社 1995 年版，第 695 页。
　　④ 《列宁全集》第 39 卷，人民出版社 1986 年版，第 225 页。
　　⑤ 《列宁选集》第 3 卷，人民出版社 1995 年版，第 382 页。

政府首先应当解决土地问题，——能使广大贫苦农民群众得到安慰和满足的问题。"① 为此，在 1917 年 11 月 8 日，苏维埃政府一成立就制定了《土地法令》。此外，列宁还特别重视教育，充分重视提高劳动者的素质。列宁指出："应当知道和记住，当我们有文盲的时候是不可能实现电气化的……劳动人民不但要识字，还要有文化，有觉悟，有学识。"② 因此，新政权开办了很多苏维埃学校，让广大人民群众参加学习，迅速提高了劳动者素质。

（二）外国近现代民生实践

资本主义民生思想的萌芽产生于资本主义发展最早的英国，其标志是 1601 年英国政府颁布的著名的《济贫法》（*Poor Law*）。这个被视为现代社会保障制度"前身"的《济贫法》，使民间和教会从事的济贫活动首次上升为法律并成为政府的重要职责，使社会救助思想逐渐转变为资本主义的民生思想。

16 世纪，英国资本主义开始迅速发展，不断扩大的"圈地运动"导致大量农民失去土地，涌入城市。农民在摆脱土地束缚的同时，也失去了生活保障，城市中无产者的失业、饥饿、伤残、疾病、年老不能劳动等成了严重的社会问题。

---

① 《列宁选集》第 3 卷，人民出版社 1995 年版，第 348 页。
② 《列宁选集》第 4 卷，人民出版社 1995 年版，第 366 页。

为此，英国政府为了缓解矛盾，从抓救济贫民入手，于 1530 年至 1597 年间通过了 13 个有关处理贫民和失业者的法案。

17 世纪初，在原有法案的基础上，英国女王伊丽莎白一世于 1601 年颁布了《济贫法》（史称"旧济贫法"）。这部《济贫法》的主要内容包括：建立地方行政和征税机构；为有劳动能力的人提供劳动场所；资助老人、盲人等丧失劳动能力的人，为他们建立收容场所；组织穷人和儿童学艺；提倡父母子女的社会责任；从比较富裕的地区征税补贴贫困地区。旧《济贫法》虽然并不完善，但它第一次正式承认政府在解决贫困问题上应尽的职责，已经展示了未来民生保障的朦胧思路。正是在这个意义上，"旧济贫法"成为资本主义民生思想萌芽的标志。

同时，新兴资产阶级在取代封建贵族统治地位的过程中纷纷提出了反封建专制的重要檄文，提出了平等、自由等道德规范，作为自己的行动口号。如在英国，1689 年议会通过了《权利法案》，它以明确的法律条文限制国王的权力，国王逐渐处于"统而不治"的地位，保证了议会的立法权、财政权等权力，建立起君主立宪制的资产阶级专政；在法国，1789 年制宪会议颁布了《人权宣言》，以天赋人权、自由平等的原则，否定了封建主义的王权、神权和特权，将启蒙学说中关于政治民主的主张用法律形式确定下来。《人权宣言》强调，在权利方面，人们生来是而且始终是自由平等的，只有在公共利用上面才显出社会上的差别。任何政治结合的目的都在于保存人的自然和不可动摇的权利。这些权利就是：自由、财产、安全和反抗压迫。1791 年制宪会议颁布了《1791 年宪法》，反映法国大革命第一阶段的革命成果。1804 年拿破仑公布《民法典》，后又公布了《商法典》和《刑法典》，是资本主义社会的法律规范。在美国，1776 年通过了《独立宣言》，是美国资产阶级革命的纲领性文件。《独立宣言》指出："我们认为这些真理是不言而喻的：人人生而平等，他们都从他们的造物主那边被赋予了某些不可转让的权利，其中包括生命权、自由权和追求幸福的权利。为了保障这些权利，所以才在人们中间成立政府。"[1] 1787 年颁布了《1787 年宪法》，规定了美国的一整套国家体制，如联邦制、共和制、三权分立等。这是对启蒙思想的首次实践，被视为近代第一部资产阶级成文宪法。1862 年林肯政府颁布了《宅地法》和《解放黑人奴隶宣言》。这些都从政治层面确定了人民享有民生权利的合理性。

18 世纪，随着工业革命的迅速扩张，社会化大生产不断发展，资本主义基本矛盾开始激化，造成工厂倒闭，大批工人失业，贫民大量增加，社会矛盾和阶级矛盾日益尖锐。英国政府于 1834 年通过了《济贫法》修正案，即新《济贫

---

[1] ［美］杰弗逊：《美国独立宣言》，《世界人权约法总览》，四川人民出版社 1999 年版，第 272 页。

法》。新《济贫法》规定，社会救助是公民应该享有的合法权利，政府负有实施救济、保障公民生存的责任；社会救助不是消极行为，而是一项积极的福利平台，应由经过专门训练的社会工作人员从事此类事业。新《济贫法》进一步将社会救助以立法的形式确定下来，使社会救助成为一种制度，为欧洲其他国家建立民生保障制度提供了借鉴。瑞士在1847年和1871年制定了《济贫法》，丹麦于1803年颁布了《济贫法》，挪威于1845年通过了《济贫法》，法国则发布了一些济贫法令。欧洲各国普遍建立了以国家为责任主体的社会救助制度。

1854年，德国颁布《矿工、冶金工人和盐场工人全体联合会法》，这是世界上首部国家制定的工人保险法。

19世纪下半叶，德国的工人运动迅猛发展，德国已成为继法国之后的欧洲无产阶级革命中心。同时，当时领导德国工人运动的社会民主党在工人运动中的影响和威信越来越大，该党曾得到马克思和恩格斯的指导和帮助，党员人数众多，组织较为严密，动摇了德国当时的社会体制，严重威胁到统治阶级的利益。因此，为了缓和社会矛盾，阻止工人运动的进一步发展，"铁血宰相"俾斯麦采取了"胡萝卜加大棒"的做法，一方面，于1878年制定"社会党镇压法"压制社会民主党的革命运动；另一方面，逐渐意识到对工人阶级进行安抚的重要性和必要性，大力推进社会改革，颁布法令，缓解劳资矛盾。俾斯麦公开宣称社会保险是一种消除革命的投资，一个期待养老金的人是最安分守己的，也是最容易被统治的。同时，当时的威廉一世在 1881 年颁布的"黄金诏书"中也强调，"社会弊病的医治，一定不能仅仅依靠对社会民主党进行过火行为的镇压，而且同时要积极促进工人阶级的福利"，①并"最大限度地保障需要帮助的人"。② 德国轰轰烈烈的工人运动成为德国建立社会保险制度的导火索，因此，工人运动对德国社会保障立法起着决定性作用。迫于形势，德国于 1883、1884、1889 年相继通过了三个社会保险法案，即《疾病保险法》《工伤事故保险法》《老年与残疾保险法》。

《疾病保险法》规定，在工人生病期间，由雇主负担三分之一，雇员负担三分之二的医疗费用。该法为德国 300 万工人及其家属提供了医疗上的保障。《工伤事故保险法》规定，雇员因工受伤，由雇主负担全部医疗费用及生活。《老年人残疾保险法》规定，雇员因年老不能劳动时，其生活费由雇主与雇员平均负担。工人到 70 岁时可以领取养老金，残疾工人也可以领取津贴。

这三个社会保险计划都是强制性的，其权利和义务有着法律保证。这意味着社会关系的三方面——工人、雇主和国

---

① 史探径:《社会保障法研究》，法律出版社 2000 年版，第 12 页。

② ［德］霍尔斯特·杰格尔:《社会保险入门——论及社会保障法的其他领域》，中国法制出版社 2000 年版，第 8 页。

家都在起作用并对整个社会保障计划的管理有着发言权。这些法令的颁布，标志着世界上第一个最完整的社会保险体系的建立，社会保险制度由此产生。

德国1919年的魏玛宪法，最初在宪法中明确规定生存权。《魏玛宪法》第151条规定：经济生活秩序必须与社会正义原则及维持人类生存目的相适应。《魏玛宪法》第一次确认了现代意义上的生存权并赋予生存权丰富的内涵，即生存权不仅仅是活下去的权利，而且是能够体现人的价值、体现人的尊严的生活下去的权利，丰富了民生保障的内涵。

1935年，富兰克林·罗斯福当政时美国通过《社会保障法》，第一次正式提出了"社会保障"的概念，成为现代民生保障史上的一个重要里程碑。该法把对老人、孤儿、盲人、伤残者和病人的"社会救助"列为社会保障的三大部分之一，第一次在一部法中规定了社会保险、社会福利和社会救济等社会保障的内容，确立了社会保障普遍性和社会性原则。从此，社会保障作为一个基本法律制度被许多国家确立并实施，同时也标志着资本主义民生思想的进一步发展。

1929—1933年，席卷资本主义国家的严重经济危机造成了巨大的社会震荡，生产大量过剩，无数工厂倒闭，大批工人失业，阶级矛盾迅速激化，社会危机一触即发。在美国，1929—1933年失业人口高达1560多万人，占就业人口的25%。在这种情况下，传统的社区救济犹如"杯水车薪"，根本无法解决问题。

1933 年 3 月 4 日，罗斯福就任第 32 届美国总统，针对当时的实际，罗斯福大刀阔斧地实施了一系列旨在克服危机的政策措施，强调通过国家干预来解决经济危机，历史上被称为"新政"。新政的主要内容可以用"3R"来概括，即复兴（Recover）、救济（Relief）、改革（Reform）。罗斯福认为，国家对公民所负的义务乃是仆人对其主人所负的义务。国家的义务之一就是要照顾那些在逆境下如无别人帮助即难以为生的公民，政府必须给这些不幸的公民以援助。因此，罗斯福上任后不久就立即建议国会通过了《联邦紧急救济法》，拨款 5 亿美元资助各州实行劳动救济和失业救济，后又建立民间工程局和公共工程局，希望通过"以工代赈"实施失业救济。

之后，罗斯福总统在施政改革中逐步系统提出"安全保障社会化"的理论：一是社会保障是大机器生产的客观需要；二是以"普遍福利"为核心的社会保障制度作为建国方略；三是初期的社会保障项目应包括失业、养老、家庭保险，实现"家庭平安、生活保障、社会保险"；四是实行"以工代赈"的现代社会救助，反对消极的救助行为；五是实行以地方为主的失业保险和强制性多层次的养老保险；六是社会保险必须以促进自我保障意识的确立为前提；七是社会保障项目应该逐步展开。

为解决国内矛盾，罗斯福总统认为："如果对老者和病人不能照顾，不能为壮者提供工作，不能把年轻人注入工业体系中，听任无保障的阴影笼罩每个家庭，那就不是一个能够存在下去的政府。"①

1934 年 6 月 8 日，罗斯福在致国会的咨文报告中指出："根据我国宪法，联邦政府之所以建立的目的之一是'增进全民之福利'，提供福利所依存的这种保障……乃是我们能够向美国人民提出的最低限度的承诺。"② 正是在这种思想指导下，1935 年 8 月 14 日，罗斯福签发了美国历史上第一部社会保障法典《社会保障法》，该法的主要内容是：（1）联邦政府设立社会保障署，负责全联邦社会保障计划的实施；（2）实行全联邦统一的养老保险制度，由雇主和雇员缴纳养老保险税，建立养老保险基金；（3）由联邦政府和州政府共同实施失业保险计划，对雇佣 8 人以上的雇主征收失业保险税；（4）在联邦政府资助下，由州政府实施老人和儿童福利、社会救济和公共卫生措施。

1937 年 1 月 20 日，罗斯福在连任总统的就职演说中进一步阐述了对社会保障的看法："检验我们进步的标准，并不在

---

① John A. Woods, *Roosevelt and Modern America*, English Universities Press, 1959, p. 90.

② ［美］富兰克林·罗斯福：《罗斯福选集》，关在汉译，商务印书馆 1982 年版，第 60 页。

于我们为那些家境富裕的人增添了多少财富，而要看我们是否为那些穷困贫寒的人提供了充足的生活保障。"①

美国《社会保障法》在民生保障立法史上具有重要意义。它标志着民生保障制度从以社会保险为主的保障制度步入综合性的现代民生保障制度，标志着民生保障发展进入到了一个新的发展阶段，极大地促进了民生保障制度的迅速发展。

第二次世界大战后，西方国家"普遍福利"政策的广泛实施、"福利国家"的纷纷出现和有关立法工作的相继完成，标志着民生保障制度进入到了成熟和完善阶段。与此同时，资本主义民生思想也逐步完善和渐趋成熟。

1941 年 6 月，英国首相丘吉尔任命英国经济学家、牛津大学教授威廉·亨利·贝弗里奇男爵为社会保障服务委员会的主席，负责考察和研究英国现行社会保险制度及有关福利问题，并提出改革计划。1942 年 12 月，该委员会提出了《社会保险和联合服务报告书》，即《贝弗里奇报告》。《贝弗里奇报告》的一个重要思想是"全面性和普遍性原则"。根据这一原则，社会保险的对象扩大到全体人口，而不论其年龄、性别、阶级、种族和宗教信仰如何。《贝弗里奇报告》指出了贫困、疾病、愚昧、肮脏和懒惰是影响英国社会进步、

---

① ［美］富兰克林·罗斯福：《向前看·在路上》，张爱民译，华中科技大学出版社 2011 年版。

经济发展和人民生活改善的五大障碍。为此，政府要统一管理社会保障工作，通过社会保障实现国民收入的再分配。《贝弗里奇报告》主张通过建立一个社会性的国民保障制度，对每个公民提供七个方面的社会保障：儿童补助、养老金、残疾津贴、失业救济、丧葬补助、丧失生活来源的救济、妇女福利。

1945 年英国工党上台执政后，开始着手实行社会保障的国家化，以达到其更高程度的社会平等和更大程度的经济平等的目标。此后，英国的社会保障在 1942 年通过的《家庭净贴法》基础上迅速发展。1946 年通过了《国民保险法》《国民工伤保险法》和《国家保健事业法》，1947 年通过了《国民救济法》，这五项法案于 1948 年 7 月 5 日在全国实施。至此，以社会福利为特征的现代社会保障制度在英国基本上建立起来。1948 年英国首相艾德礼宣布，英国第一个建成全体公民"从摇篮到坟墓"均有保障的"福利国家"，其后上台的保守党政府也把福利国家政策作为争取民心的旗帜。在此影响下，西欧国家、北欧国家、北美洲国家、大洋洲发达国家和地区，也均先后宣布实施"普遍福利"的政策，相继建设"福利国家"。瑞典等北欧国家更是进一步发展了战前的社会保障措施，成为西方"福利国家"的橱窗。民生保障进入了完善阶段。

进入 20 世纪 70 年代以后，由于发达国家的经济发展进入滞胀阶段，民生保障制度也陷入了困境，高福利的民生保障制度的经济基础受到动摇，普遍福利政策带来的弊端日益显现。在这段时期内，许多国家的各种保障费用大幅增长，成为经济发展的严重障碍，同时也助长了一些国民的依赖心理，降低了经济效益和社会效率。这迫使西方资本主义开始进行新的改革，以强调市场作用，减少国家干预。由此，产生了新自由主义民生思想，并成为这一时期的主流民生思想。20 世纪 90 年代以来，西方资本主义进入新的改革时期，以强调市场机制和政府作用的协调，提倡国家、个人与社会共同责任为核心内容与突出特点的"第三条道路"民生思想成为这一时期的主流民生思想，资本主义民生思想得到进一步发展。

第八章　世界民生现状概观

现阶段，世界各国的民生保障已成体系，都较为完备，但并不是说现在就彻底解决了民生问题，民生保障体系并非十全十美，毫无问题。

在 21 世纪世界经济形势更为复杂多变的背景下，发达国家中一些主要经济体增速下滑，一些国家则深受主权债务危机拖累，国际金融市场动荡不已，各种形式的保护主义明显抬升。受此影响，新兴市场国家通胀压力加大，世界经济复苏的不稳定性、不确定性上升。同时，金融危机、气候变化、能源安全、重大自然灾害等全球性挑战与地缘政治的不稳定交织在一起，都直接或间接地影响着世界各国人民的生存状况。而在改善民生方面，各国在探寻适合自己民生发展的道路的过程中也并非一帆风顺，当今世界的民生发展中已出现了三大"民生陷阱"：广大发展中国家片面追求现代化、忽视民生发展而造成的"民生缺失陷阱"；发达国家的"高福利陷阱"；金融资本主义贪得无厌、撕裂社会而造成的"贫富分化陷阱"。这些"陷阱"都或多或少地影响了各国民生发展的进程。

　　现阶段，中国仍面临诸多民生问题亟待解决。在教育保障方面，教育产业化、教育资源分配不公，农村孩子上学难、贫困地区孩子上学难、贫困群体孩子上学难；就业保障方面，大学生就业难，农民工的平等就业权得不到保障，下岗失业人员再就业难，劳动力供大于求的矛盾突出，劳动力市场不完善，政府部门的再就业服务工作不到位，企业的社会责任意识差，社会保障制度不完善；在医疗卫生保障方面，广大农村普遍存在看病难，医疗保障制度的缺失和医疗费用的逐年上涨；在养老保障方面，人口老龄化问题日益凸显，对我国传统的家庭养老模式带来了很大冲击，城市低收入老人、农村老人的养老问题难以保障；住房保障方面，房价上涨过快，超出普通居民的承受能力，现有的住房保障政策不完善，有关住房保障的法规法律约束力不强，地方政府执行不力，住房公积金制度的覆盖面非常有限，公积金补贴方面存在不公平，经济适用房制度没有发挥应有的社会保障作用，廉租房制度发展太慢，应保未保现象严重等。"2012年中国民生发展指数报告"显示，1995—2010年中国民生发展成效显著，总体上呈现指数增长的趋势，具有三大特征：第一，省级民生指数排名区域集中度较高。按照指数由高到低，民生发展水平大致呈现出"东部—东北部—中部—西部"由强渐弱的阶梯型分布趋势。第二，在阶梯型分布总体趋势下，部分省

（区、市）呈现出与其所在区域总体位次趋势不一致的情形。
第三，排名表现出较强的区域经济实力相关性。就各省（区、
市）而言，相较于 2011 年，山西和内蒙古的排名变动较为明
显，山西总体排名上升 4 位，而内蒙古总体排名下降 4 位。
根据报告分析和国际经济状况的比较，国家经济发展模式、
管理体系和法律框架、经济总量和人均值以及环境条件决定
着民生指数的变化。中国的情况和国外很不一样，中国仍然
是一个发展中国家，在经济发展水平、人口和资源环境方面
与发达国家有着很大差别。一方面，福利国家的社会保障服
务产品太奢侈，中国不能照搬；另一方面，过度的社会福利
会对社会经济的发展产生一些副作用，而且一旦形成很难降
低。所以"高福利国家"显然不是短期内能效仿的，也是弊
大于利的，不适合中国的基本国情。但无视民生问题肯定是
非常危险的。总的来看，中国的民生之路将长期处于"低水
平、广覆盖、讲公平、要改善"的路子。民生问题不是单因
素问题，是一个庞大的社会系统工程。但是否重视以及怎样
重视，是考验决策者的思维能力的关键所在。

　　而今，西方的福利体系也正接受着巨大挑战。一方面，
公共开支比重大，政府财政负担沉重是西方福利国家社会福
利制度所面临的共同问题。自 2000 年以来，欧洲国家原先引
以为豪的福利制度已成为经济发展的重负。如英国的社会福
利开支在 20 世纪 60 年代为 81 亿英镑左右，到 1980 年上升为

221.5亿英镑，1999年更高达1000亿英镑。又如瑞典，自1991年开始连续3年经济衰退，退休金还要照付，各种社会保障开支也不能减少，这使得福利体制捉襟见肘。为了维持高额福利开支，政府只得大举借债，从而导致财政出现大量赤字。目前，瑞典政府的债务共有1.43万亿瑞典克朗，相当于1996年国内生产总值的84%。另一方面，虽说西方国家公共开支比重大，但社会福利没有发挥应有的作用，福利收益水平却偏低，西方国家贫困化现象相对严重。如英国是世界福利国家的典范，但目前英国生活在官方公布的贫困线以下和略高于贫困线的"贫困人口"估计接近1700万，约占其总人口的30%。在欧盟组织的其他国家中，贫困问题也同样是一个严重的社会问题。另外，高福利损害了人们的就业动机，并导致福利依赖现象的产生。在西方国家，由于政府对失业者有较好的福利待遇，因此一些失业者不再积极地寻求新的就业岗位，而长期依赖社会福利的救助。

纵观古今中外的民生思想的发展与实践过程，不难发现从古到今、从中到外，民生思想始终都具备三个特点：

其一，强调"人"的重要性。无论是中国古代的"民本"思想，还是古希腊的政治伦理，乃至现代的民生思想和福利思想，无不把人（民）放在了极其重要的位置。例如管子的"以人为本"，孟子的"民为贵"，孙中山的"三民主义"，中国共产党的"为人民服务"，普罗塔格拉"人是万物的尺度"，基督教的"神因爱而创造我们"，文艺复兴时期"人是万物的灵长"等等，无不是把人放在了极其重要甚至是首要的位置上。这些强调"人"的思想构成了最基本的民生伦理，也是诸多民生思想发展的基础。

其二，以经济的发展为改善民生的根本手段。从"仓廪实而知礼节，衣食足而知荣辱"到"振兴实业"再到"以经济建设为中心"，都是在强调经济的重要性。经济是民生实践的基础。西方"福利国家"的形成，也是建立在工业化之后经济发展强盛的基础上的。因此，要进一步改善民生，还是靠发展经济。

其三，重视社会保障、社会福利。随着社会保障与社会福利体系的逐步完善，保障与福利的对象已经涵盖了全部（绝大部分）的民众。但是从"福利"一词的起源也可以发现，其保障的仍然是社会中经济实力处于中下的人。因此，社会保障和社会福利，实则是一个"再分配"的问题，让社会经济发展的成果全民共享。

如前所述，面对变革的世界，作为世界上人口最多的中国，既要充分借鉴世界各国民生发展经验，更须吸取变革世界中的"民生陷阱"教训，找准跨越"民生陷阱"的着力点，寻求改善民生的发展之路。同时，必须明确的是，"民生"是个不断发展的概念，其内涵日益丰富。人民对物质文化生活的要求还在不断提高，民生问题就还会不断发生。因此，改善民生、保障民生应被视作一个久远的工作，不能松懈。

主要参考文献

1.《布告国民消融意见蠲除畛域文》，《民立报》1912 年 2 月 20 日。

2.《财政部职员名单》，《临时政府公报》第 43 号，1912 年 3 月 20 日。

3.《大总统令内务部筹画兴复汉口市场》，《临时政府公报》第 10 号，1912 年 2 月 8 日。

4.《大总统令内务部分电各省都督所属行政各部改称为司》，《临时政府公报》第 11 号。

5.《大总统令内务部通饬各省慎重农事文》，《临时政府公报》第 37 号，1912 年 3 月 13 日。

6.《大总统咨参议院提议实业部呈送商业注册章程文》，《临时政府公报》第 29 号，1912 年 3 月 5 日。

7.《汉口民国日报》1927 年 2 月 13 日。

8.《胡汉民自传》，《近代史资料》1981 年第 2 期（总第 45 号）。

9.《交通部职员名单》，《临时政府公报》第 52 号，1912

年 3 月 30 日。

10.《抗日战争时期陕甘宁边区财政经济史料摘编》，陕西人民出版社 1981 年版。

11.《临时大总统宣言书》，《临时政府公报》第 1 号，1912 年 1 月 29 日。

12.《陕甘宁边区参议会文献汇辑》，科学出版社 1958 年版。

13.《陕甘宁边区革命根据地史料选编辑》第一辑，甘肃人民出版社 1981 年版。

14.《陕甘宁边区教育资料·社会教育》，教育科学出版社 1981 年版。

15.《陕甘宁边区政权建设》，中共中央党校科研办工室，1985 年。

16.《实业部通电各省都督设立实业司文》，《临时政府公报》第 8 号，1912 年 2 月 5 日。

17.《实业部通告汉口商民建筑市场饬文》，《临时政府公报》第 8 号，1912 年 2 月 5 日。

18.《实业部职员名单》，《临时政府公报》第 38 号，1912 年 3 月 14 日。

19.《实业部咨各都督饬实业司详细呈报筹办实业情形文》，《临时政府公报》第 25 号，1912 年 2 月 29 日。

20.《中共中央、国务院关于进一步加强农村卫生工作的决定》,《人民日报》2002 年 10 月 30 日。

21.《中共中央文件选集》,中共中央党校出版社 1992 年版。

22.《在中国共产党第七届中央委员会第三次会议上的报告》。

23.《中华民国临时政府中央行政各部及其权限》,《临时政府公报》第 2 号,1912 年 1 月 30 日。

24.《中华人民共和国实录》第五卷,吉林人民出版社 1994 年版。

25.《中华人民共和国宪法》,人民出版社 1954 年版。

26. 曹文宏:《民生政治:民生问题的政治学诠释》,《天府新论》2008 年第 1 期。

27. 陈友琴:《工会组织法及工商纠纷条例》,上海民智书局 1927 年版。

28. 崔乃夫:《当代中国的民政》(下),当代中国出版社 1994 年版。

29. 戴向青等:《中央革命根据地史稿》,上海人民出版社 1986 年版。

30.《邓小平文选》第三卷,人民出版社 1993 年版。

31.《邓小平文选》第二卷,人民出版社 1994 年版。

32. 丁宁宁、葛延风主编:《构建和谐社会 30 年社会政策聚焦》,中国发展出版社 2008 年版。

33. 胡鞍钢:《透视 SARS:健康与发展》,清华大学出版社 2003 年版。

34. 胡锦涛:《高举中国特色社会主义伟大旗帜　为夺取全面建设小康社会新胜利而奋斗——在中国共产党第十七次全国代表大会上的报告》,人民出版社 2007 年版。

35. 江泽民:《全面建设小康社会　开创中国特色社会主义新局面》,人民出版社 2002 年版。

36. 江泽民:《论有中国特色社会主义》,中央文献出版社 2002 年版。

37.《江泽民文选》,人民出版社 2006 年版。

38. 江泽民:《在庆祝中国共产党成立 80 周年大会上的讲话》,《人民日报》2001 年 7 月 2 日。

39. 江泽民:《论“三个代表”》,中央文献出版社 2001 年版。

40. 雷云峰总编:《陕甘宁边区史》(抗日战争时期) 下编,西安地图出版社 1994 年版。

41. 李智勇:《陕甘宁边区政权形态与社会发展 (1937—1945)》,中国社会科学出版社 2001 年版。

42. 林万亿:《中国台湾全志·卷九:社会志·社会福利篇》,台北“国史馆”台湾文献馆 2006 年版。

43.《1990 年以来中国台湾社会福利发展的回顾与展望》,(中国台湾)《社区发展季刊》2005 年第 1 期。

44. 刘宪曾、刘端棻:《陕甘宁边区教育史》,陕西人民出版社 1994 年版。

45. 刘永富:《中国劳动和社会保障年鉴》,中国劳动社会保障出版社 2001 年版。

46. 马秀贞、于慎澄:《民生问题的要义解读与现实思考》,《理论学习》2008 年第 7 期。

47.《毛泽东选集》,人民出版社 1991 年版。

48.《毛泽东文集》,人民出版社 1999 年版。

49. 荣孟源主编:《中国国民党历次代表大会及中央全会资料》上册,光明日报出版社 1985 年版。

50. 陕西省总工会工运史研究室编:《陕甘宁边区工人运动史料选编》(上册),工人出版社 1988 年版。

51. 商务印书馆编:《国民政府现行法规》,商务印书馆 1929 年版。

52. 上海社会科学院历史研究所编:《辛亥革命在上海资料选辑》,上海人民出版社 1981 年版。

53. 上海社会科学院历史研究所编:《辛亥革命在上海资料选辑》,上海人民出版社 1981 年版。

54. 宋金寿主编:《抗战时期的陕甘宁边区》,北京出版社 1995 年版。

55. 孙中山:《孙中山选集》,人民出版社 1981 年版。

56. 魏彩苹:《从民生视角看抗战时期陕甘宁边区的医疗

卫生事业》,《内江师范学院学报》2011 年第 5 期。

57. 吴忠民:《走向公正的中国社会》,山东人民出版社 2008 年版。

58. 武力:《解决三农问题之路——中国共产党三农政策史》,中国经济出版社 2004 年版。

59. 向运华:《台港澳地区社会福利体系研究》,社会科学文献出版社 2010 年版。

60. 研究发展考核委员会编印:《配合"我国"社会福利制度之长期照护政策研究》,"行政院"研究发展考核委员会 1998 年版。

61. 张国福:《中华民国法制简史》,北京大学出版社 1986 年版。

62. 郑功成:《解决民生问题始终是政府的核心任务》,《南方周末》2007 年 3 月 1 日。

63. 中共中央文献研究室:《深入学习实践科学发展观活动领导干部学习文件选编》,中央文献出版社 2008 年版。

64. 中共中央文献研究室:《十六大以来重要文献选编》上册,中央文献出版社 2005 年版。

65. 中国第二历史档案馆编:《中华民国档案资料汇编》第 2 辑,凤凰出版社 2010 年版。

66. 中国人民大学中国革命史教研室编辑:《中国革命史参考资料》第四册,中国人民大学出版社 1959 年版。

67. 中国史学会主编：《中国近代史资料丛刊·辛亥革命》（八），上海人民出版社 1981 年版。

68. 邹东涛主编：《发展和改革蓝皮书》，社会科学文献出版社 2008 年版。

后　记

　　在本书即将出版之际，惊闻"中国农村改革之父"杜润生老先生西去，内心悲痛，无以言表，杜老的音容历历在目。杜老在世时，一直对民生问题非常关注，他是中国民生研究院最早发起人之一，自中国民生研究院成立之初，即担任我院高级顾问，当我把聘书送到他位于木樨地的家中时，他欣然接受。因杜老听力不好，与他在写字板上交流颇多，字里行间无不透露出对晚辈的殷切期望和对我国民生事业的重视。

　　本书完稿之后，我将希望杜老作序的想法与杜老大女儿杜霞姐沟通，当时杜姐家中装修，未能详谈，即将书稿留于家中，待她征求杜老意见。幸运的是，2015 年 1 月 2 日，我从杜姐手中拿到了杜老亲笔签名的书序。杜老的作序，让我们年轻人更加坚定对民生问题研究的信心。2015 年 2 月 10 日上午我又去北京医院看望了杜老，对杜老作序表示感谢。

2015 年 7 月 18 日，在杜老 102 岁生日之际，我与院里同事一起前往探望杜老，当时杜老兴致很高，很难得地与我进行了简单交流，当提及聘请杜老做中国民生研究院名誉院长时，杜老欣然说："好哇"。我说希望您为我们民生工作多做指导时，杜老更意外地说了声"谢谢"。这次见面留下了珍贵的视频，也成为我与杜老最后的交流。

杜老一生，为解决中国"三农"问题、民生问题呕心沥血，他的品格和风范永远是我们晚辈学习的榜样。本书即将面世，遗憾的是他已看不到此书。这使我内心更加悲痛，更加怀念杜老，唯有将这种悲痛化为前行的力量，在民生研究方面继续探索。

作者
2015 年 10 月 20 日